ELM-VERLAG

Der Landkreis Peine seine Stadt und Dörfer

von Jürgen Hodemacher
mit Federzeichnungen von Wilhelm Krieg

ISBN 3-927060-13-5
Druck: Druckerei Geffers, Lahstedt-Groß Lafferde

Geleitwort

Chroniken, wissenschaftliche Ausarbeitung und detailierte Beschreibungen einzelner Gemeinden und Ortschaften im Landkreis Peine wurden in der Vergangenheit bereits vielfältig herausgegeben. Das vorliegende Buch schließt aus unserer Sicht jedoch eine Lücke. Denn nicht der Spezialist und Fachmann ist angesprochen, sondern der interessierte Laie, der Spaß daran findet, sich über die geschichtlichen Entwicklungen seiner Umgebung zu informieren. Nicht spezielle Ausschnitte der Historie oder nur die einer einzelnen Gemeinde werden in den Vordergrund gestellt, sondern der breite Überblick über die Geschichte der Gemeinden im Landkreis steht im Vordergrund.
Die Texte sind verständlich formuliert, und die Zeichnungen von Wilhelm Krieg stellen jedes für sich ein kleines Kunstwerk dar, das Atmosphäre vermittelt. Leserinnen und Leser, die nach dem Lesen des Buches Lust verspüren, sich noch intensiver und eingehender mit der Geschichte im Landkreis Peine zu beschäftigen, helfen die Literaturhinweise im Anhang.
Wir freuen uns über die Herausgabe dieses Buches und wünschen den Leserinnen und Lesern viel Spaß bei der Lektüre.

LANDKREIS PEINE

Rosemarie Leunig
Rosemarie Leunig
Landrätin

Dr. Peter Schoer
Oberkreisdirektor

Vorwort

Das vorliegende Buch will den Bewohnern der Stadt Peine und der Gemeinden des Landkreises Peine Hinweise über deren Geschichte in Wort und Bild geben. Nachdem ähnliche Bücher über die Landkreise Wolfenbüttel, Goslar und Helmstedt im Elm Verlag erschienen sind, ist es an der Zeit, den Landkreis Peine folgen zu lassen. Die kurzen Ortsbeschreibungen sollen Anreiz sein, sich selbst weiter mit der Heimatkunde zu befassen.

Das Buch bringt in kurzer Form einen Überblick über die Stadt Peine, die Gemeinden und deren Ortsteile. Sie bilden eine politische Einheit.

Die Literaturangaben am Ende des Bandes geben Auskunft, welche Quellen in Bibliotheken und Archiven zur Verfügung stehen, um mehr über die Geschichte der Ortschaften zu erfahren. Die Zeichnungen von Wilhelm Krieg können ein Anreiz sein, selber neue ansprechende Bildausschnitte zu entdecken.

Die Veröffentlichung möge als Anregung verstanden werden, die Heimat näher kennenzulernen; das wünschen Autor und Zeichner. Sie danken herzlich für die Ihnen geleisteten Hilfen durch öffentliche Dienststellen, Behörden und Privatpersonen.

Jürgen Hodemacher — Wilhelm Krieg

Der Landkreis Peine

Im Spannungsfeld der Städte Braunschweig, Salzgitter, Hannover und Hildesheim gelegen, gehört das Kreisgebiet wirtschaftsräumlich zu den dichtest besiedelten, verkehrs- und industriereichsten Region des Landes Niedersachsen.

Mit einer Fläche von 450 Quadratkilometer, so die landeskundlich statistischen Übersichten, ist der Landkreis Peine der kleinste niedersächsische Kreis. Er besitzt aber fast ebenso viele Einwohner, wie beispielsweise der flächenmäßig dreimal größere Nachbarkreis Gifhorn, und zwar etwa 120 000.

Wegen der fruchtbaren Böden hat die Landwirtschaft noch heute große Bedeutung.

Das Kreisgebiet ist verkehrsmäßig sehr gut erschlossen. Bedeutende Fernstraßen, die BAB A2, die Haupteisenbahnstrecke Köln-Hannover-Braunschweig-Berlin verlaufen hier. Der Mittellandkanal mit dem Hafen in Peine besitzt durch einen Stichkanal nach Salzgitter eine besondere Bedeutung. Ferner verbinden vielbefahrene Bundesstraßen (B4, B65, B444, B494) den Landkreis Peine mit anderen Wirtschaftsräumen.

In ihrem gemeinsamen Schnittpunkt und zugleich in der geographischen Mitte des Kreises liegt die Stadt Peine. Als übergeordneter zentraler Ort erfüllt sie Versorgungs- und Verwaltungsfunktionen und ist mit Abstand das bedeutendste gewerbliche Zentrum.

Zu den prägenden Wirtschaftsfaktoren von Stadt und Landkreis gehören die Eisen- und Stahlindustrie mitsamt ihren Folgebetrieben. Früher wurden die Eisenerzvorkommen bei Ilsede, Lengede und Peine abgebaut und bestimmten den Standort.

Der „alte" Landkreis Peine existiert seit dem 6. Mai 1884. An diesem Tage unterzeichnete Kaiser Wilhelm I. und Reichskanzler Fürst Otto von Bismarck als Vertreter des preußischen Staates die „Kreisordnung für die Provinz Hannover". Diese Verordnung trat dann am 1. April des Jahres 1885 in Kraft. Bis auf einige Veränderungen sind die Grenzen des heutigen Landkreises die gleichen wie in der ehemaligen Kreisordnung.

Peine selbst verdankt seine frühere städtische Entwicklung der Lage an einem alten Flußübergang. Schon um 1220 wurde die Stadt in Anlehnung an eine Burg inmitten der Fuhseniederung planmäßig gegründet. Lange Zeit blieb sie eine kleine Ackerbürger- und Handwerkerstadt. Sie zählte um 1800 kaum 3000 Einwohner. Als Amts- und Marktort war Peine Umschlagplatz für die Agrarprodukte des näheren Umlandes und versorgte ihrerseits mit ihren Gewerbe-, Handels- und Handwerksbetrieben die ländliche Umgebung.

Der mit Abstand wichtigste Wirtschaftsfaktor ist die Eisen- und Stahlindu-

Bekum
ehemalige Schule.

strie, die auf eine weit über 100 Jahre lange Tradition zurückblicken kann.

Schon 1858 wurde auf der Grundlage der bei Ilsede-Bülten, ab 1871 auch bei Lengede-Vallstedt erschlossenen oberkreidezeitlichen Trümmererze die Ilseder Hütte gegründet. Dank der für die damalige Zeit ausreichenden metallurgischen Eigenschaften der Erze und der leichten Gewinnbarkeit im Tagebau wuchs sie zu einem bedeutenden Unternehmen heran. Um die Jahrhundertwende wurde der Übergang zum aufwendigen Tiefbau notwendig. Die Hütte war bis zur Fertigstellung des Mittellandkanals 1930 auf den teueren Bahntransport von Kohle aus dem Ruhrgebiet angewiesen.

Die Förderung der heimischen Erze ist in der zweiten Hälfte der siebziger Jahre gänzlich eingestellt worden. Preiswerte und qualitativ bessere aus Südamerika, Skandinavien, Afrika und Australien werden jetzt angeliefert. Dagegen wird die Gewinnung von Erdöl, besonders im nördlichen Kreisgebiet, noch weiter betrieben. Schon Mitte des 19. Jahrhunderts wurden hier, in einem der ältesten deutschen Ölfelder, Bohrungen niedergebracht.

Nach dem Zweiten Weltkrieg gab es einen beachtlichen Aufschwung vor allem durch die Modernisierung der Betriebe. 1970 fusionierte die Ilseder Hütte mit der Salzgitter Hüttenwerke AG zur Stahlwerke Peine-Salzgitter AG.

Die Produkte der hochentwickelten Landwirtschaft wurden in Molkereien, der Brauerei Härke, und Zuckerfabriken verarbeitet, so in Wierthe, Peine und Clauen. Fabriken für Landmaschinen wurden gegründet.

Dank der guten Infrastruktur und Verkehrslage haben auch branchenfremde Unternehmen im Landkreis einen Standort gefunden, beispielsweise die Kunststoffverarbeitung, die elektronische Industrie, die Schreibwaren-, Bekleidungs-, Spielwaren- und Möbelindustrie.

Heute gibt es neben der Stadt Peine 91 Dörfer im Landkreis, die kleineren eingemeindeten mitgezählt. Am 1. März 1974 trat die Verwaltungs- und Gebietsreform in Kraft. Die damals zum Abschluß gekommene Reform auf Gemeindeebene stärkte den Landkreis Peine. Rund 125 000 Menschen lebten zu diesem Zeitpunkt hier.

Am 18. November 1958 wurde ein neues einprägsames Kreiswappen eingeführt. Es zeigt wieder Gunzelins Wolf. Im Gegensatz zum alten Kreiswappen diesmal in doppelter Gestalt rot auf goldenem (=gelben) Feld. Die beiden Wölfe sind wehrhaft aufgerichtet und stehen sozusagen auf Wacht für den Bestand des Kreises Peine. Man wählte Gold und Rot, die Farben des bischöflichen Fürstenstaates Hildesheim. Mit diesem Wappen hält der Landkreis das Andenken an den einst mächtigen Mann im Kreisgebiet wach, Gunzelin von Wolfenbüttel-Asseburg, der nach dem Aussterben des Peiner Grafengeschlechtes um 1200 in den Besitz der Grafschaft Peine gelangte. Er war ein treuer Anhänger des welfischen Kaisers Otto V.

Düttenstedt
Knes.
97.

Peine

Keimzelle von Peine war eine Burg, die ein namengebender Graf Pagin so zwischen 900 und 950 erbauen ließ. Heute eine moderne Industriestadt, hatte Peine im Mittelalter durch seine Lage an einer Heer- und Handelsstraße eine große Bedeutung als Grenzfeste der Hildesheimer Bischöfe gegen die welfischen Herzöge. Das edle Geschlecht der Herren von Peine ist seit der ersten Hälfte des 12. Jahrhunderts nachweisbar. Die Burg, nach der sie sich nannten, zerstörte Pfalzgraf Heinrich. Die Peiner hatten sich nach dem Sturz seines Vaters, Heinrich des Löwen, 1191 der staufischen Partei angeschlossen. Von den Herren von Peine kamen Burg, Ort und Grafschaft an die von Wolfenbüttel, wahrscheinlich durch Verschwägerung und Erbschaft. Nach P. J. Meier hat Gunzelin von Wolfenbüttel, der mächtige Reichstruchseß unter Kaiser Otto IV. und Friedrich II., kurz vor 1220 Peine planmäßig als Stadt gegründet. Bereits 1223 ist die neue Siedlung von Bischof Konrad II. belagert worden. Wahrscheinlich hat Gunzelin (+ 1254/55) in Peine auch eine Münze schlagen lassen.

Nach dem Tod Gunzelins verkauften seine Söhne das Gebiet an den Bischof von Hildesheim, der 1258 Burchard von Wolfenbüttel und seine Söhne mit Burg und Stadt Peine nebst der Grafschaft belehnte. In den vorhergehenden Jahren hatten die Wolfenbütteler die Burg mit Erfolg gegen Herzog Albrecht von Braunschweig verteidigt, der nur die Stadt erobern konnte. Auch in den noch folgenden Kämpfen wurde die Zugehörigkeit Peines zum Hochstift nicht mehr geändert. Bischof Otto I. (1260 – 1279) hatte in der Burg neue Gebäude mit steinernen Dächern sowie ein steinernes Tor bauen lassen. Er löste, wie die Hildesheimer Chronik aussagt, das Lehen von Burg, Stadt und Grafschaft Peine vom Grafen Widukind von Poppenburg, an den es nach einem Verzicht Burchards und seine Söhne lange Zeit vergeben worden war, ab.

Eine Neustadt vor Peine wird um 1390 erwähnt. Um 1440 war die Peinesche Münze in voller Blüte. Aus dem 14. Jahrhundert und der ersten Hälfte des 15. Jahrhunderts sind eine Reihe von Plünderungen bekannt. 1477 hat Bischof Henning die Herren von Salder, Rutenberg, Schwicheldt, Veltheim, Oberg und andere als Burgmänner in Peine ernannt. Er ließ sich von ihnen versprechen, „...das Haus Peine bei Tage und bei Nacht zu verteidigen, wenn das Blek oder die Stadt abgebrannt werden würde, treue Zuflucht auf die Burg zu tun und mit Leib und Gut nicht verlassen zu wollen." Weiter gab er ihnen auf, die Häuser ihrer Burghöfe „nach ziemlicher Gebühr" nicht zu hoch zu bauen und nicht mit Steinen ausmauern zu lassen, damit die Burg besonders von den nahe am Graben gelegenen Höfen keinen Schaden leide. Die außerhalb der Stadtmauer gelegenen Höfe boten angreifenden Truppen sonst einen guten Schutz. Die letzte Bedingung war, sich wie getreue Nachbarn und Untertanen gegen den Inhaber des Schlosses Peine zu verhalten. Im Jahre 1510 brannte die Stadt „von egem fure all aff, utbenomen de borch alleine". Die Burg blieb also stehen. In der sogenannten Stiftsfehde (1519–1523) wurde von Herzog Heinrich des Jüngeren von Braunschweig erbittert um den Besitz von Peine gekämpft. Die kaum wieder aufgebaute Stadt wurde eingenommen und abermals zerstört, die Burg dagegen widerstand drei Belagerungen: 1519, 1521 und 1522. Diese tapfere Verteidigung ist bald in Volksliedern besungen worden. Peine heißt darin das „Eulennest".

Die Eule kommt auch in anderen Reimen vor: „Peine was maket so faste, dat dei Ule bleiv im Naste" und die Redensart „da hat ne Ule säten" geht ebenfalls auf die Ereignisse während der Stiftsfehde zurück. Nach Aussage des Historikers Hoßmann war die Eule ein auf der Burg befindliches Geschütz. Ursprünglich scheint es sich aber um einen Spottnamen gehandelt zu haben. Nach alten Unterlagen besaß sowohl das Rathaus wie auch das Amtslokal ein Eulentrinkgefäß. An die Eule erinnert schließlich auch noch der Name der inzwischen abgerissenen Gastwirtschaft „Eulenburg" am Wege nach Vöhrum und die von Mithoff mitgeteilte ehemalige Inschrift am Burgtor. Heute befindet sich am Peiner Bahnhof eine Plastik mit Eulen, und auch der Peiner Eulenmarkt erinnert daran. Bilder von der Belagerung in der Stiftsfehde befinden sich unter anderem auf der Hochzeitsschüssel von 1534, die sich im Landesmuseum in Braunschweig befindet.

Das Schloß Peine, das an der Stelle der zerschossenen Burg errichtet wurde, war Sitz des Drosten des Amtes Peine. Ein Drost war ein Verwalter, der den Landesherrn vertrat. In den Jahren 1608 bis 1628 befand sich dort eine bischöfliche Münzstätte. Die Stadt war nach der Zerstörung von 1519 noch einmal 1557 fast völlig mit Kirche und Rathaus abgebrannt. Dabei gingen auch die frühen Urkunden zugrunde. Im Jahre 1610 bestätigte der Bischof der Stadt Peine die Gerichtbarkeit und weitere Rechte.

Während des Dreißigjährigen Krieges wurde Peine von den verschiedenen kriegsführenden Parteien mehrmals erobert und besetzt. 1628 bis 1633 wurde vom Bischof im Schutz der kaiserlichen Armeen vorübergehend die Rekatholisierung durchgeführt. Damals wirkte hier unter anderen auch für kurze Zeit der Jesuit Friedrich von Spee. Er war Vorkämpfer gegen die Hexenprozesse und nahm den als Hexen verurteilten Frauen die Beichte ab. Der auch als Dichter des Barocks bekannt gewordene von Spee wäre 1629 auf dem Wege zur Messe fast das Opfer eines Mordüberfalls geworden.

Nach dem Westfälischen Frieden wurde Peine 1649 mit einer bischöflichen Miliz von etwa 200 Mann belegt. Seit 1660 erhielt die Stadt neue Befestigungsanlagen. Gleichzeitig erbaute sie auf eigene Kosten 1662 auf dem Markt eine Hauptwache und Wachthäuser an den Toren der Stadt. Im folgenden Jahr ließ die bischöfliche Regierung einen Pulverturm, ein Zeughaus und Stockhaus errichten. Vermutlich 1735 wurde mit dem Abbruch der Befestigungsanlagen begonnen, weil sie nun keinen Schutz mehr boten. Der modernen Kriegsführung mit den weithin reichenden Feuergeschützen waren die alten Befestigungsanlagen nicht mehr gewachsen.

Gegen 1830 sollen in Peine 400 Häuser gestanden haben, in denen 2714 Einwohner lebten. Die moderne Entwicklung setzte Mitte des vorigen Jahrhunderts ein. Den Anstoß dazu gaben vor allem die Gründung der Ilseder Hütte 1858 und die damit zusammenhängende Anlage des Eisenwalzwerkes in der Stadt. In der Folgezeit haben sich außerdem noch eine Reihe anderer, besonders eisenverarbeitende Industrien in Peine angesiedelt, die zusammen mit dem Walzwerk den späteren Charakter der Stadt bestimmten.

Die Stadtanlage

Die Stadt liegt am Übergang der Straße Braunschweig-Hannover über die Fuhse, einem Nebenfluß der Aller. Wie der alte Stadtgrundriß einer Karte von 1771 zeigt, bildet die Stadt ein nordwestlich-südöstlich orientiertes, unregelmäßig begrenztes Gebiet auf der rechten Seite der Fuhse. Ursprünglich wurde die Stadt von zwei Parallelstraßen, der Breiten Straße und der Echternstraße, der früheren Hinteren Straße, fortgesetzt in der Stederdorfer Straße, durchzogen. Etwa in der Mitte zwischen den beiden Hauptstraßen liegt die Stadtkirche. In der Nordwestecke, nahe des Marktplatzes, baute

man auf einer Anhöhe den sogenannten Amtshof an der Stelle der mittelalterlichen Burg. Stadt und Burg waren beide von einem aus der Fuhse gespeisten Wallgraben umgeben. In die Befestigung mit einbezogen waren drei Vorstädte: westlich der Burg der Damm mit der Schloßstraße, nördlich der Burg der Katzenhagen (Kattenhagen, dann Rosenhagen) am Wege nach Stederdorf, südöstlich vor der Stadt der Gröpern an der Braunschweiger Straße. Der Damm scheint die früheste Ansiedlung im Schutze der Burg gewesen zu sein, wie aus einem Aufsatz von Stadtbaurat Dr. Rahlves über das Stadtgebiet im Heimatbuch des Kreises 1933 zu entnehmen ist. Katzenhagen und Gröpern sind dagegen offenbar erst nachträglich an den Stadtkern angebaut worden. Den Vorstädten entsprechen die Namen der Stadttore: Dammtor und Schloßtor, das Kattenhagener Tor und Gröper Tor. Bis 1730 waren die Tore aus Holz und wurden nun in Stein erneuert. Heute ist von den ehemaligen Befestigungsanlagen bis auf Reste des Walles am Burgberg und am Windmühlenwall nicht mehr viel zu sehen. Die Ausbreitung der Stadt seit der zweiten Hälfte des vorigen Jahrhunderts hat sich vor allem in südlicher und östlicher Richtung vollzogen.

In der Innenstadt steht eine Mühle als eines der Wahrzeichen Peines. Bei „Töpfers Mühle" handelt es sich um eine gelungene Rekonstruktion der historischen Ratsmühle aus dem 14. Jahrhundert. Sie erhielt ihren Namen nach dem letzten Müllermeister Töpfer, in dessen Besitz sie seit 1889 war. 1945 wurde sie durch die Explosion eines Munitionszuges völlig zerstört. Nach dem Wiederaufbau befindet sich seit 1985 in ihr ein Jugendzentrum.

Das Peiner Wappen

Es wurde schon erwähnt, daß Graf Gunzelin von Wolfenbüttel-Asseburg um 1200 in den Besitz der Burg von Peine gelangte und die Stadt anlegte. Er brachte aus dem Wolfenbütteler Wappen den Wolf als Bestandteil des Peiner Wappens ein. Das Peiner Wappen gibt die Stadtgeschichte bildlich wieder. Es zeigt im rot-gold gespaltenen Schild zwei auswärts geneigte goldene Garben auf grünem Hügel, über die ein rot bewehrter schwarzer Wolf springt. Gold und Rot sind die Farben des Fürstbistums Hildesheim, das in Peine von 1260 bis 1802 die Landesherrschaft ausübte. Auf den ersten städtischen Siegeln seit dem 14. Jahrhundert ist der Schild noch ungespalten, seit dem 17. Jahrhundert dann wie hier beschrieben.

Die Peiner lesen aus diesem Wappen typische Eigenschaften der hiesigen Bewohner: Kampfstark, dynamisch, keine Hürde scheuend und der Landwirtschaft eng verbunden. Historisch nicht belegt ist, daß es sich bei den beiden Garben um solche aus Braugerste handelt. Wenn es auch nicht wahr ist, so ist es doch möglich.

Zu festlichen Gelegenheiten zeigt die Stadt Peine das Wappen gern mit

erweitertem heraldischen Zubehör, quasi als „Vollwappen". Es ist überhöht von einem gekrönten Helm mit rot-goldenen Helmdecken, aus dem der Wolf zwischen den Garben sozusagen herauswächst und zudem ein blaues Dreiblatt emporhält. Solche Vollwappen waren bei mehreren Städten, so auch in Braunschweig, früher üblich, sind aber weitestgehend außer Gebrauch gekommen.

Die Kirchengeschichte

Die heutige evangelische Pfarrkirche St. Jacobi wird urkundlich erstmals um 1232 erwähnt, 1252 ist von dem Geistlichen Wilhelm die Rede, 1297 von dem Priester Johann, Pfarrer in Peine, 1325 und 1331 wird Johannes plebanus (katholischer Geistlicher) in Peynis genannt.

Nach dem bei Lüntzel abgedruckten spätmittelalterlichen Archidiakonatsverzeichnis (der Archidiakon war ein Oberkirchenaufseher) war der Bischof von Hildesheim Inhaber des Patronatsrechts. Hierbei handelt es sich um das Recht, Kirchen- oder Schulämter zu vergeben. Doch wird urkundlich um 1400 Hans von Schwicheldt unter den Gütern des Marschallamtes des Stiftes Hildesheim auch mit dem „altare in der Kerke to Peyne", anschließend also mit dem Patronatsrecht des Hochaltars, belehnt. 1390 und 1397 ließ der Papst die Pfarrstelle besetzen. 1376 genehmigte der Bischof dic Gründung und Ausstattung einer Vikarstelle St. Mariae durch Hildemar von Oberg. 1379 bestätigte der Bischof das Patronatsrecht, das später seinen männlichen Erben zufallen sollte. Die Lage des Altars wird 1376 näher bezeichnet: „altare in ecclesia parrochiali sancti Jacobi in Peyne... prope organa in dextra parte in das sudosten". Die Urkunde ist also gleichzeitig ein wichtiges Zeugnis für das frühe Vorhandensein einer Orgel und deren Platz in der Kirche. Im Jahre 1532 ist Aschwin von Schwicheldt über die Vikarstelle St. Barbara patronsberechtigt. Zusammen mit der Stadt ist auch die Kirche mehrfach durch Brände zerstört worden. Im 16. Jahrhundert waren es drei Brände, 1510, 1519 und 1557. Der nach dem letzten Brand neu errichtete Bau wurde 1612 mit einem Glockenturm versehen.

Die frühere Barockkirche von 1692, der Vorgänger der 1896 bis 1899 nach Plänen von E. Hillebrand erbauten neugotischen Kirche Sankt Jakobi, ist außer einer Notiz bei Mithoff durch eine Reihe alter Aufnahmen bekannt. Sie war ein schlichter massiver Putzbau, wohl aus Bruchstein, mit achtachsigem Schiff von beträchtlicher Breite und eingezogenem, dreiseitig geschlossenen Chor. Die hohen, rundbogigen Fenster saßen über einem nur auf der Westseite nicht durchgeführten Bandsims auf. In der „Sockelzone" darunter lagen die korbbogigen Eingänge. An der Nordseite befand sich eine Inschrift mit der Bibelstelle Ps. 115,1 und dem Baudatum: Anno MDCXCII. Anscheinend war die Kirche einheitlich bis auf den bündig in die Südwestfront eingebauten Turm, der wenigstens in seinen unteren Teilen aus älterer Zeit stammte. Es ist der gleiche Turm, den die recht schematische Darstellung der Kirche auf der Stadtansicht von 1675 zeigt und der 1612 an die nach dem Brand von 1557 wieder aufgebauten Kirche angesetzt worden war. Bei der Einfügung in die Kirche von 1692 waren die Obergeschosse des Turmes anscheinend teilweise in Fachwerk erneuert worden.

Der Turmhelm war mit Schiefer, das Satteldach über Schiff und Chor mit Pfannen abgedeckt. Im Innern waren Langhaus und Chor mit verputzten und durch stuckierte Zierrippen gegliederten Holztonne von gleicher Scheitelhöhe überwölbt. Ursprünglich waren beide Raumteile einschiffig, doch hatte sich im Langhaus die Spannweite der Tonne schon bald als zu groß erwiesen, so daß man gezwungen gewesen war, 1726 Stützsäulen unterzumauern, durch die der Raum dreischiffig gegliedert wurde. Unterhalb der Tonnenschale zeigten die Säulen hohe Kämpfer, im Kern waren sie jedoch weiter bis in den Dachstuhl hinaufgeführt, an dem die Tonne aufgehängt war. Wände und Säulen waren ebenso wie die Decke geputzt und geweißt. In den durch die Säulen gebildeten Arbeiten und vor der Turmwand waren Emporen angebracht. Am Anfang des Chores stand in der Mitte frei die Kanzel, dahinter der aus einem älteren Schwicheldtschen Wandmal gebildete Altar. Auf der Westempore war die große neunachsige Orgel mit Rückpositiv aufgestellt. Der Standort dieses Gotteshauses war bis zum vernichtenden Stadtbrand von 1557 der Marktplatz.

Der Neubau der St. Jakobi Kirche wurde schließlich 1899 im neugotischen Stil fertiggestellt und ist seit seiner Renovierung 1994 ein Juwel der Stadt Peine. Die farbigen Wand- und Deckenmalereien in ihrer ornamentalen und figürlichen Ausstattung sollte man sich unbedingt ansehen. Aufmerksame Besucher werden außen an der Jakobi Kirche eine der vielen Peiner Eulen in Stein gehauen finden. Die Hauptteile der Innenausstattung wurden aus der alten Kirche übernommen.

Hinter dem Burgberg steht die katholische Pfarrkirche „Zu den heiligen Engeln". Die 1830 begründete Pfarrei ist aus einer Vikarie zu den heiligen Engeln an der ehemaligen Schloßkapelle hervorgegangen. Die Schloßkapelle war nach Einführung der Reformation in Stadt und Amt Peine zuerst 1603 mit einem katholischen Geistlichen besetzt worden. 1669 wurde mit Genehmigung des Fürstbischofs Maximilian Heinrich von dessen Weihbischof die Seelsorge über Peine und die umliegenden Ortschaften einer „Mission" von Kapuzinern – drei Patres, zwei Laienbrüder – übertragen. Von diesen Geistlichen wurde sie bis 1829 ausgeübt. Einige Jahre vor 1669 war ein neues Gotteshaus am Fuße des Schloßberges „meistenteils durch des Drosten Voß seel. (+1664) Mitteln erbauet" worden. Der Turm – oder besser der Dachreiter – ist 1657 aufgesetzt worden.

Die alte Pfarrkirche war ein einschiffiger kleiner Fachwerkbau mit Dachreiter über der Westfront. Bei Einführung der Kapuziner wurde er durch den Weihbischof geweiht. Schon 1687 mußte das Gotteshaus teilweise neu fundamentiert werden, im Jahre 1700 wurde der Bau erweitert. 1800 stiftete der Fürstbischof Franz Egon von Fürstenberg 2000 Taler zur Erneuerung des Dachreiters. 1866 wurde der alte Bau durch die heutige Kirche ersetzt. Der Baurat Hase führte sie im gotischen Stil auf. Die Weihe fand 1867 statt.

Eine skizzenhafte Darstellung der alten Kirche zeigt die perspektivische Ansicht der Stadt auf der Grenzregulierungskarte zwischen den Ämtern Peine und Meinersen von 1675. Ein genaues Bild findet sich auf einer Zeichnung des sogenannten Amtshofes von 1847. Schematische Grundrißangaben sieht man auf verschiedenen Stadtplänen des 17. und 18. Jahrhunderts.

Im Innern der heutigen Kirche befindet sich ein sehenswertes Triumphkreuz aus dem 13. Jahrhundert. Es ist wohl lebensgroß, der Corpus mit leicht geneigtem Haupt und geöffneten Augen. Die Füße sind übereinander genagelt, das Lendentuch mit einer oberen Wulst fällt bis zu den Knien herab. Die Kreuzbalken enden in Rundpässen, auf denen die Evangelistensymbole gemalt sind. Im Schnittpunkt der Kreuzarme befindet sich eine größere Platte mit einem nachträglich hinzugefügtem Strahlenkranz.

Zu dieser Kirche gehört ein altes Klostergebäude der Kapuzinermission im Nordwesten der Stadt am Fuße des Schloßberges, in dem heute die Kirchenverwaltung untergebracht ist.

Eddesse

Berkum

Das Dorf Berkum ist eines der kleinsten Dörfer, südwestlich von Peine gelegen. Berchum heißt der Ort in frühen Urkunden von 1134 und 1136. Es handelt sich in diesen Akten um Landschenkungen der Pfalzgräfin Gertrud, die dem Marien- und späteren Ägidienkloster zu Braunschweig zehn Hufen Land „mit den Leuten beiderlei Geschlechts" in Berkum übereinigt. Kaiser Lothar III. von Süpplingenburg bestätigt am Schluß die Schenkung mit Handzeichen und Siegel.

Das hildesheimische Ministerialiengeschlecht, das sich nach dem Ort nannte, wird von 1173 an bezeugt. Der Historiker Brakebusch nennt in seiner Geschichte des Ortes mehrere Priester in Berkum aus dem 13. Jahrhundert. Im Jahre 1290 wird ein Pleban Ekbert bezeugt. Damals, wahrscheinlich aber auch schon früher, wird demnach Pfarre und Gotteshaus in Berkum bestanden haben. Das Patronatsrecht war zwischen dem Abt des St. Godehardiklosters in Hildesheim und dem Propst des Klosters Wienhausen strittig. Im Jahre 1302 wurde in einem Vergleich festgesetzt, daß es bei Wienhausen bleiben solle, das schon seit 1244 umfangreichen Landbesitz in Berkum erworben hatte. Zwei Jahre danach übergab Bischof Siegfried von Hildesheim die Kirche dem Kloster. Im Jahre 1679 ging das Patronatsrecht an die Herren von Hammerstein über, die es bis zur Ablösung im 19. Jahrhundert hatten.

Die evangelische Pfarrkirche ist ein kleiner, einschiffiger Bruchsteinbau mit halbrunder Apsis. Die äußere Erscheinung wird durch einen Umbau der Kirche in den Jahren 1835 bis 1838 bestimmt, bei dem jedoch die alten Umfassungsmauern zum größten Teil erhaltengeblieben sind. Frühere Wiederherstellungsarbeiten sind aktenmäßig für das Jahr 1748 bezeugt. Einen Anhaltspunkt für das wirkliche Alter des Baus gibt nur der Bau der Apsis. Ihre Ausführung läßt eine Einordnung von Bauten aus der zweiten Hälfte des 13. Jahrhunderts zu. Ob und wie weit das Kirchenschiff, dessen Wandstärke etwas geringer ist als die der Apsis, mit ihr zusammengehört, ist bei dem Fehlen jeglicher alten Einzelformen nicht zu entscheiden.

Das rechteckige Kirchenschiff hat drei Achsen mit eingezogener, halbkreisförmiger Apsis. Der Sockelabsatz ist aus Sandsteinquadern gebaut, ebenso die Tür- und Fenstergewände. In der Apsis befinden sich zwei kleine rundbogige Fensteröffnungen nahe der östlichen Schiffswand. Das Gotteshaus liegt auf dem alten Friedhof an der erhöhten Südseite des Dorfes.

Einst war das Gebiet um Berkum Moor- und Heidelandschaft. Die Heide verschwand, weil keine großen Schafherden mehr gehalten wurden. Das Moor wurde zurückgedrängt. Durch den Bau des Mittellandkanals schließlich wurde das Berkumer Bruch vollkommen trocken gelegt.

Berkum.

Dungelbeck

Dungelbeck, einst vor den Toren Peines gelegen, ist heute dort eingemeindet. Landwirtschaft, wie sie früher betrieben wurde, findet man kaum noch. Die meisten Dungelbecker sind „Neubürger", Zugezogene. Bis zum Zweiten Weltkrieg wohnten hier etwa 800 Menschen. Als Dungelbeck noch eine selbständige Gemeinde war, flossen nicht zuletzt vom Peiner Walzwerk, das teilweise auf Dungelbecker Gebiet steht, reichlich Steuergelder in die Gemeindekasse. Man investierte klug und baute Schule und Kindergarten, ein Klärwerk, ein Jugendfreizeitzentrum, ein Altenheim.

Dungelbeck gehört zu den ältesten Siedlungen im Landkreis Peine. Im Jahre 1952 fand man bei Schachtarbeiten für den Straßenbau am Westrand des Dorfes Gefäßscherben, die bezeugen, daß eine Ansiedlung schon bestanden hat, als die Sachsen, Angeln und Jüten nach Süden vordrangen, also im 5. und 6. Jahrhundert. Die frühere Haufensiedlung Dungelbeck liegt südöstlich von Peine. Urkundlich lautete der Name des Ortes 1053 Dungerbichi, 1183 Dungerbike, später Dungerbeke und Dungelbeke.

Nach dem bei Lützel abgedruckten Patronatsverzeichnis hatte der Bischof von Hildesheim das Patronatsrecht. In der Mitte zwischen Dungelbeck und Schmedenstedt befand sich an der Stelle, wo im ersten Jahrzehnt des 19. Jahrhunderts eine Windmühle erbaut wurde, ehemals eine durch drei Linden bezeichnete Dingstätte des Landgerichts der vereinigten Vogteien Dungelbeck und Bettmar.

Die evangelische Pfarrkirche ist ein neugotischer Backsteinbau von 1894 mit einem von dem älteren Bau übernommenen Westturm aus der zweiten Hälfte des 12. Jahrhunderts. Mehrere Restaurierungen wurden durchgeführt, am Turm 1818, die Kirche selbst wurde 1979 bis 1982 statisch gesichert. Das Mauerwerk ist teilweise aus sehr kleinen, Sandbruchsteinen, an den Kanten größere und regelmäßigere Steine. Der Turm ist heute mit Zementputz überzogen. Die ursprünglich zweifellos gleichartige Schallöffnung auf der Westseite ist wohl schon im 16. Jahrhundert erneuert worden. An der Nordwest- und Südwestseite befinden sich zementverputzte Strebpfeiler, die man 1818 bei der großen Restaurierung einzog. An der Nordwestseite hatte man ein romanisches Typanon eingelassen, das von dem Portal der ursprünglichen Kirche stammt. Es scheint heute verschollen zu sein.

Dungelbeck, das seit dem 1. März 1974 ein Stadtteil von Peine ist, führt in seinem Ortswappen einen schwarzbewehrten Drachen. Er erinnert an die Drachendarstellung in dem erwähnten Typanon. Außerdem soll der Drachen auf den Ortsnamen verweisen, der als „Sumpfhügelbach" zu verstehen ist. Nach der Vorstellung unserer Vorfahren hausten Drachen am liebsten in

Dungelbeck.

Duttenstedt

Die Gemarkung von Duttenstedt liegt auf einer flachgewölbten, zum Teil kuppigen Grundmoräne mit Sanden, Kiesen und Mergelgeschiebe der Eiszeit. Die Gräben in den Niederungen entwässern durch die Feldmark Essinghausen und Peine zum sogenannten Landgraben, dessen Wasser in die Fuhse einmünden. Die Gräben im östlichen Teil entwässern seit Bestehen der Kanalkippe in den Duttenstedt-Meerdorfer Grenzgraben bis zur Kippe und weiter östlich bis in den Schneegraben. Ganz im Norden hat die Feldmark das Gefälle zum „Springe", dem alten Quellteich, der Quelle des Schwarzwassers, mit Entwässerung zum Duttenstedt-Mödesser Grenzgraben, der am Gaimbusch entlang früher „Eickenriede" und auf Stederdorfer Feldmark „Flöthe" genannt wurde. Diese Wasser münden ins Schwarzwasser und weiter nördlich in die Fuhse.

Duttenstedt ist seit 1974 ein Ortsteil von Peine, hat aber eine lange eigene Geschichte. Der Ort wird für das in einer Urkunde des Kaisers Otto II. aus dem Jahre 973 erwähnte Duttenstedt gehalten. Der Ortsname setzt sich aus der Person Dodo oder Doddo und dem althochdeutschen Wort stat = der Ort, die Stätte zusammen.

Der Rittersitz befand sich seit dem 12. Jahrhundert im Besitz der Familie von Oberg, die auch die Gerichtsbarkeit über Duttenstedt und Essinghausen seit 1387 bis zur westfälischen Fremdherrschaft ausübte. Dieses vielfach mit der Geschichte unseres Landes verflochtene Geschlecht, das 1803 in den Grafenstand erhoben wurde, erlosch 1861. Das Gut Duttenstedt, bereits 1846 von der hannoverschen Regierung erworben, wurde 1856 den für das Korngut ausgeschiedenen Domänen beigelegt. 1866 wurde das Gut eine preußische Domäne. Die Separation, wonach die Bauern ihren eigenen Grund und Boden bewirtschaften konnten, und der spätere Ankauf von Grundbesitz durch Verkauf der Domäne, brachten dem Dorf großen Fortschritt, wenn auch alle Betriebe dadurch mit Hypotheken belastet waren. Vom Jahr 1862 an, nach dem Bau der Zuckerfabrik Peine, begannen das Gut und die Bauern mit dem Anbau von Zuckerrüben, dessen Ertrag neben der Milchviehhaltung lange Zeit die Haupteinnahme der Landwirtschaft war. Die Zeit von der Jahrhundertwende bis zum Ersten Weltkrieg war für Duttenstedt auch die „goldene Zeit" der Spargelernte. Jeder Landwirt, der einen geeigneten Acker besaß, baute Spargel an.

Das Wappen erinnert an frühere Herrschaftsverhältnisse. Die Schildfarben Blau/Gelb und der Löwenkopf erinnern an die frühere braunschweigische Landeszugehörigkeit, die Rauten an das Geschlecht derer von Oberg. Das Rad ist ein Zeichen der bäuerlichen Volkskunst. Das Duttenstedter Rad wurde ganz konkret einem Vorbild am Türbalken des Bauernhauses Nr. 3 von 1850 nachgebildet.

Düttenstedt.

Eixe

Vor Jahrzehnten erfüllte die Fuhse noch eine wichtige Aufgabe. Ihr Wasser trieb zahlreiche Mühlen an. Eine davon stand bei Eixe: die Berger Mühle. Sie war lange Zeit die mahltüchtigste weit und breit. Die Mühle Gödecke ist heute noch vorhanden, allerdings ist sie zu einem Wohnhaus umgebaut worden. Es handelt sich um einen zweistöckigen Fachwerkbau, vermutlich in der zweiten Hälfte des 18. Jahrhunderts errichtet, mit verputzten Gefachen unter dem Halbwalmdach. Die Mahltechnik ist nicht mehr vorhanden, das Wehr ist nur noch zum Steuern des Wassers da. Über die Müller von Eixe gibt es viel zu erzählen. So nutzten sie die Abhängigkeit ihrer Kunden, um einen Wegezoll an der Mühlenbrücke zu erheben. Deshalb überquerten die Fuhrleute den Fluß überwiegend auf einer Furt. Der Eixer Müller geriet einmal mit dem Vöhrumer in Streit, weil er mutwillig das Wasser der Fuhse so hoch gehalten haben soll, daß alle Wiesen von der Mühle bis Peine unter Wasser gesetzt waren und das Gras verdarb.

Das Dorf Eixe liegt etwa 4 km nordwestlich von Peine. Ältere urkundliche Namensformen sind Ekessem (1181), Eycse (1300) und Eyksen (um 1359). Die Kapelle gehörte bis 1859 zum Kirchspiel Edemissen. Da sie im Pfründeregister von 1534 nicht aufgeführt ist, scheint sie damals noch nicht bestanden zu haben. Dagegen wird sie allerdings von den Gerichtsschreibern Manecke und Sonne erwähnt.

Jahrhunderte hindurch war Eixe ein Grenzdorf zwischen dem Bistum Hildesheim, zu dem es gehörte, und dem Fürstentum Celle-Lüneburg. Erst als 1884 aus zwei Bezirken der Landkreis Peine gebildet wurde, verlor Eixe endgültig den Charakter eines Grenzortes.

Die evangelische Kirche ist ein rechteckiger Bau zu vier Achsen mit dreiseitigem Chorschluß. Der Eingang befindet sich auf der Westseite. Ursprünglich war die Kapelle in Fachwerk aufgeführt, die Wände sind jedoch nacheinander gegen Ende des 19. Jahrhunderts und bei den Wiederherstellungsarbeiten 1933 sämtlich in Backstein erneuert und verputzt worden, so daß von dem alten Bau nur noch die Grundform erhalten ist.

In den letzten Jahrzehnten ist aus der reinen Bauerngemeinde mehr und mehr eine Wohngemeinde geworden. Der Kiessee bei Eixe ist ein gern besuchtes Naherholungsgebiet geworden. Mehr als 1,5 Millionen Mark hat man für dieses Projekt aufgewendet.

Eixe (Ekessem) bedeutet Eichenheim, obwohl es auch Stimmen gibt, die meinen, Ekessem bedeutet das Heim eines Eike. So führt Eixe einen goldenen Eichenbruch mit drei Blättern und drei Eicheln im blauen Feld in seinem Wappen. Der Gemeinderat beschloß 1950 die Einführung dieses Wappens, der niedersächsische Innenminister genehmigte es am 25. Juni 1951.

Eixe

Essinghausen

Südlich von Essinghausen am Landgraben befinden sich noch Reste einer früheren „Burganlage". Eine Inventarisierung von 1880 gibt an: „Eine hohe Schanze von quadratischem Format mit Wall und Graben, am Wall 90 Schritte im Geviert und von der Grabensohle bis zur Wallkrone 3 m messend." Ein längeres Stück des Landgrabens ist ebenfalls noch erhalten. Teile davon bildeten einst die Grenze nach Preußen. Nördlich der tiefen Gräben war früher Sumpfgebiet.

Das alte Einwege- und Kapellendorf lag an der einstigen hannoverschen Grenze, unweit der Stadt Peine, zu der es heute eingemeindet ist. Das in der Stiftungsurkunde des Klosters St. Michaelis in Hildesheim von 1022 genannte Edinghusen wird für das heutige Essinghausen gehalten. Die erste eindeutige Erwähnung des Ortes ist die Schreibweise in einer Urkunde von 1311. In jenem Jahr verkaufte das Blasiusstift in Braunschweig eine Hufe an die Familie von Rautenberg.

Der Ortsname ist auf eine Person mit dem Namen Asico oder Etsico zurückzuführen. Der Wohnsitz eines „Freien" hieß von alters her hûs. Viele der Rittersitze in unserem Land enden auf -husen. Von 1311 bis 1458 hieß das Dorf Esekohusen sowie Esekhusen, und 1542 schrieb man Eseckhusen.

Der Galgenberg, nordöstlich des Dorfes, war die Richtstätte des früheren von Obergschen Gerichts. Bei Erdarbeiten um 1800 hat man Reste des früheren Schandpfahles ausgegraben. Südwestlich des Ortes befinden sich alte Schanzen, die den Bewohnern in der Zeit des Dreißigjährigen Krieges als Zufluchtsort gedient haben sollen.

Nach einer Flurkarte von 1776 hatte Essinghausen zehn Halbspännerhöfe und neun Kothöfe. Nach dem Rezeß über die Ablösung der Hand- und Spanndienste vom Jahre 1838 waren sie Eigentümer ihrer Höfe.

Aus dem Jahre 1777 gibt es eine handschriftliche Dorfbeschreibung von Essinghausen. Noch in der Mitte des 18. Jahrhunderts waren die Abgaben und Dienstleistungen für die Bauern sehr bedrückend. Dabei war die Form der Dienstleistungen so, daß der Bauer nicht zur Ruhe kommen konnte und stets zuletzt an sich, zunächst aber an die Herrschaft denken mußte. Der Dorfbeschreibung können wir entnehmen, daß der Halbspänner Hermann Langeheine im Hof Nr. 14, der ein schornsteinloses, strohgedecktes Haus besaß, 52 Morgen Meierland und 3 Morgen Wiesen bestellte. Er besaß vier Pferde, vier Kühe, ein Rind und zwei Schweine. Er hatte folgende Dienste zu leisten: Zwei Tage wöchentlich mußte er mit dem Gespann dem adligen Hof in Duttenstedt zu Diensten sein. Jährlich zwei Mal fuhr er mit dem Gespann den Flachs des adligen Hofes aus den Rotten ein. Er mußte unter anderem Schafe scheren, einen Tag Rüben roden, Hopfen pflücken, Leseholz sammeln und vieles mehr.

Essinghausen.

Handorf

Die frühere Haufensiedlung Handorf gehört seit Jahrzehnten zu Peine. Am 1. Juli 1968 wurde das Dorf eingemeindet. Obwohl der Ort noch seinen ländlichen Charakter zum Teil erhalten hat, ist er eine Arbeiterwohngemeinde geworden.

Die älteste urkundliche Erwähnung nennt den Ort Hattendorp und soll aus dem Jahre 1146 stammen. Im 13. Jahrhundert ist von Haddendorp die Rede. In mehreren dieser frühen Urkunden ist die Mühle des Ortes erwähnt. 1864 wurde wieder eine Mühle gebaut. Die Holländerwindmühle steht an der Landstraße von Groß Bülten nach Peine. Das Flügelwerk ist allerdings nicht mehr vorhanden. Die Mühle ist ein dreistöckiger Ziegelsteinbau, der früher anscheinend schwarz geteert war. Nach einem Verzeichnis vom 4. September 1662 gab es im Dorf neunzehn freie Bauern und sechs Gerichtseigene.

Im Jahre 1302 wurde Handorf, das ursprünglich nach Beckum eingepfarrt war, zur selbständigen Pfarre erhoben und Patronatsrecht dem St. Godehardikloster in Hildesheim übertragen, das seit 1146 hier auch Grundbesitz hatte. Neben St. Godehardi hatte zeitweise auch das Kloster Riechenberg in Handorf Besitz.

Die evangelische Pfarrkirche ist eine neugotische Backsteinkirche. Sie steht im Norden des Dorfes auf dem eingeebneten Friedhof. Erbaut wurde das Gottcshaus von G. Droste aus Hannover. Die einschiffige kreuzförmige Anlage hat im Innern eine flache Balkendecke. Die untere Hälfte des Turmes stammt im Mauerkern teilweise von der älteren Kirche. Diese war ein unbedeutender und nicht sehr alter Bruchsteinbau mit ehemals rundbogigen, später veränderten Fenstern, an der Westseite mit einem Turm versehen.

1925 fand man nahe dem „Opfergraben" drei bronzene Gürtelschmuckplatten als Teil eines Hortfundes aus der Zeit vor dreieinhalb Jahrtausenden. Eine solche runde Scheibe, im Stil der Bronzezeit ornamentiert, wurde in das Ortswappen umgesetzt. Am Schildfuß verläuft ein goldenes Wellenband, das die Fuhse versinnbildlicht. Mit der Farbwahl Rot/Gold erinnert das Wappen an die jahrhundertelange territoriale Zugehörigkeit Handorfs zu Hildesheim.

Eine Sage berichtet über den „Haßjäger", den König aller Geister und Gespenster, den die alten Handorfer noch gesehen haben wollen. Im Herbst heult es in den Lüften und knackt in den Zweigen der Bäume. Wenn man dann Hundegebell und den Schrei der Wildgänse hört, ist das das Zeichen, daß der „Haßjäger" unterwegs ist. Er soll seinen Kopf unter dem Arm tragen und ein schneeweißes Roß reiten. Drei Beine soll es haben. Man meint, der „Haßjäger" sei Wodan, und er trägt seit der Einführung des Christentums in dieser Gegend, wo seine Macht also endete, den Kopf unter dem Arm.

Krieg. 96.

Röhrse

Die kleine Gemeinde Röhrse ist seit dem 1. März 1974 ein Stadtteil von Peine. Ältere Belege führen sehr leicht zu Verwechselungen mit Röhrsen im Landkreis Ülzen. In einer Urkunde aus dem Jahre 1331 wird der Ort zum ersten Mal genannt. Man schrieb den Ortsnamen Rothersen. Die späteren Schreibweisen wechselten dann von Rodersem (1382) über Roderssen (1406), Roderße (1458), Rödersen (1458), Rortze (1534) bis Roerße (1561) und Roerssen (1582). Aber auch die Schreibweise Roersse, Roerse, Röerße und andere tauchen in den Urkunden auf.

Der Ort lag früher im Spannungsfeld des Fürstbistums Hildesheim und des Herzogtums Braunschweig-Lüneburg. Die Einwohner waren Untertanen der Welfenherzöge, aber auch dem Bischof abgabepflichtig. Daran erinnern im Ortswappen vor allem die hildesheimischen Farben Rot/Gold und der lüneburgische Löwe in einem „Wolkenbord". Das ist eine stilisierte Wolke, deren Fläche 16 Ausbuchtungen besitzt. Diese sollen an die ehemals 16 Reihenstellenbesitzer erinnern, die sich aus der Grenzlage des alten Dorfes ergaben. In dieser Wolkenfläche steht mitten im Wappen der Welfenlöwe. Der Ortsrat beschloß am 21. Februar des Jahres 1967 dieses Wappen, die Genehmigung des lüneburgischen Regierungspräsidenten erfolgte am 9. Mai 1967.

Die kleine Kapelle in Röhrse wurde im Jahre 1839 erbaut. Sie präsentiert sich heute als hübscher Fachwerkbau in der Dorfmitte. Die Gefache sind mit Ziegeln ausgemauert, in der Mitte ziert ein viereckiger Dachreiter mit einer Glocke das Gotteshaus. Eine Kapelle hat in Röhrse schon in den vorigen Jahrhunderten bestanden. Man nimmt an, daß sie aus dem Jahre 1534 stammte. Früher gehörte das Dorf zum Kirchspiel Sievershausen. Im Rahmen der Gebietsreform kam der selbständige Ort am 1. März 1974 zur Stadt Peine. Kirchlich wurde die Kapellengemeinde Röhrse mit der Kirchengemeinde Vöhrum verbunden.

Die Innenausstattung der kleinen Kapelle ist schlicht in Weiß und Gold gehalten. Der Wandteppich über dem Altar ist neueren Datums. Über viele Jahre haben die Röhrser ihre Kollekten dafür zusammengetragen. Der Bildteppich wurde von dem hannoverschen Maler und Bildhauer Helge Michael Breig geschaffen und im Jahre 1991 der Gemeinde übergeben. Er ist im sogenannten „Klosterstich" ausgeführt, einer Technik, in der aufgelegte Fäden vernäht werden. Dieses herrliche Schmuckstück stellt auf 160 x 120 cm Szenen aus der Apostelgeschichte Kap. 2 dar: „Sie blieben aber beständig in der Apostel Lehre, im Brotbrechen und im Gebet."

In der schmucken Anlage vor der Kapelle steht inmitten von bunten Blumen ein Kriegerdenkmal, das an die Gefallenen der beiden Weltkriege erinnern soll.

Röhrse.

Rosenthal

Rosenthal liegt in ehemals sumpfigem Gelände an der Straße Hildesheim-Peine. Der Grundriß hat eine annähernd rechteckige Form, die nur an der Nordostecke durch den ehemaligen Burgbezirk, das heutige Gut, unregelmäßig erweitert erscheint. In der Geschichte der Entstehung der Landesherrschaft im Bistum Hildesheim hat Rosenthal als eine der Keimzellen des späteren Amtes Peine eine vorübergehende Bedeutung gehabt. Im Jahre 1223 kaufte Bischof Konrad II. von der Gräfin Kunigunde von Welpe das „Castrum Rosendale et universa bona in Eilestringe". Eilestringe ist ein wüster Ort bei Rosenthal. Nach der Hildesheimer Chronik hat Konrad II. „Burg und Stadt Rosenthal errichtet und befestigt". Diese Nachricht wird durch eine Urkunde aus dem Jahre 1240 gestützt. Da 1244 auch noch das „alte Dorf Rosenthal" urkundlich bezeugt ist, fällt die Gründung der Stadt wahrscheinlich nicht mit dem vorher bestehenden Dorf zusammen.

Auf eine kurze Blütezeit unter Bischof Konrad, der 1230 und 1245 in der Stadt Rosenthal weilte und Urkunden ausstellte, und während der ersten Regierungsjahre seines Nachfolgers, Bischof Heinrich I., folgte bereits 1255 die Einnahme und Zerstörung der Burg in der Fehde des Herzogs Albrecht von Braunschweig gegen die Herren von Wolfenbüttel-Peine, auf deren Seite der Bischof von Hildesheim stand. Da Peine bald darauf endgültig in den Besitz des Hochstiftes kam, hatte Rosenthal seine Bestimmung, Vorort eines Verwaltungsbezirkes zu sein, verloren. Die Burg wurde nicht wieder aufgebaut, da sie für die Besitzer der starken Peiner Feste bedeutungslos geworden war. Die Stadt selbst sank wieder zur Stellung eines Dorfes herab. Als Bischof Siegfried in den 80er Jahren des 13. Jahrhunderts dem Ritter Balduin von Wenden auf Wiederkauf Grund und Boden zu Rosenthal verkaufte, wurden das Gericht des Dorfes und der Burgsitz ausgenommen.

Im Jahre 1235 ist urkundlich ein „Bruno capellanus in Rosendale" erwähnt, der vermutlich ein Burgkaplan des Bischofs Konrad gewesen ist. Die 1241 und 1242 bezeugten Priester in Rosendale, Konrad und Johannes, haben dagegen wohl in der Kirche gepredigt. 1244 wird der Pfarrer Conrad, 1252 und 1253 der Pfarrer Johannes genannt, die möglicherweise mit den erstgenannten identisch sind.

Die einschiffige neugotische Backsteinkirche auf kreuzförmigem Grundriß wurde 1890 nach Plänen von C. W. Hase an der Stelle einer mittelalterlichen Bruchsteinkirche erbaut, von der nur der Turm erhalten geblieben ist. 1905 ist das heutige Glockenhaus aufgesetzt worden.

Die Einwohner Rosenthals, die seit der Eingemeindung am 1. März 1974 Bürger der Stadt Peine sind, beweisen, daß im Wappenwesen auch der Humor nicht zu kurz kommen muß. Ihren Spitznamen „Maikäfer" haben sie im Wappen abgebildet. Dieses Krabbeltier ist von zwei Rosen gerahmt.

Rosenthal.

Schmedenstedt

Eichbaum und Schmiedeamboß führt Schmedenstedt in seinem Wappen. Im Schmedenstedter Holz arbeitete ein Schmied, um dessen Gehöft und im Schutze des Waldes entstand eine Siedlung. In einer frühen Urkunde heißt Schmedenstedt = Schmiedestätte. Der Ort war Mittelpunkt eines Hildesheimer Gerichtsbannes, der zwar erst im letzten Viertel des 14. Jahrhunderts unbedingt gesichert, aber wahrscheinlich bedeutend älter ist. Eine Urkunde von 1189, in der ein Archidiakonat Jocelinus und zwei weitere Urkunden von 1310, in denen zwei Archidiakone ohne Namen erwähnt werden, beziehen sich mit großer Wahrscheinlichkeit auf Schmedenstedt.

Ein bischöflicher Hof wird schon 1166 genannt. Die Kirche ist vermutlich eine frühe bischöfliche Gründung. Sie lag im Dorf Klein Schmedenstedt, das heute wüst ist. 1301 tritt in einer Urkunde der Priester Stacius von Schmedenstedt auf. Das Dorf Groß Schmedenstedt wird im gleichen Jahr zum erstenmal in einer Urkunde erwähnt.

Die einschiffige Fachwerkkirche mit Turm im Westen ist schon sehr alt. Einen Anhaltspunkt für die Datierung bietet ein auf der Wand der Kanzel befindlicher Inschriftrest: „Anno 1612 ist diese Kirche renoviert". Die Renovierung hat sich aber keineswegs auf die Ausmalung des Innern beschränkt. In etwa die gleiche Zeit gehören vielmehr auch die Empore, der Kanzeldeckel sowie der Taufdeckel. Außerdem ist der gotische Flügelaltar von 1472, aus der alten Totenkirche des ehemaligen Ortes Klein Schmedenstedt stammend, 1613 hier aufgestellt worden. 1730 hat der Kirchturm den heutigen Turmhelm erhalten. Das gesamte Gotteshaus wurde 1962/63 restauriert und renoviert. Die Kirche ist eines der hervorragendsten Kunstdenkmale des Peiner Landes.

Der Turm des alten Gotteshauses, das aufgrund der Stileinschätzung aufgefundener Kapitäle um 1230 entstanden sein mag, steht noch heute auf dem südlich des Dorfes gelegenen Friedhof. Der Turm ist auf breiteckigem Grundriß in unregelmäßigem Bruchsteinmauerwerk aufgeführt. Das Kirchenschiff wurde zwischen 1860 und 1870 abgebrochen, nachdem es schon seit 1830 vollkommen verfallen war und nicht mehr benutzt werden konnte. Es hatte Bruchsteinmauern, schmale Spitzbogenfenster und zwei kleine Türen an der Nord- und Südwand.

Schmedenstedt wurde am 1. März 1974 in die Stadt Peine eingemeindet. Das Dorf hat nahezu ein Jahrtausend als eigenständiges Dorf existiert. Das Wappen zeigt in Gold auf schwarzem Boden eine rote Eiche, die nur einen großen Zweig mit Eicheln über einen roten Amboß hält. Das Wappen gibt den Ortsnamen „Schmiedestätte" redend wieder. Die Wappen-Eiche hat die urtümliche, unter Naturschutz stehende „Muttereiche" mit einem Stammumfang von fünfeinhalb Metern im Schmedenstedter Holz zum Vorbild.

Schmedenstedt

Schwicheldt

Das Dorf Schwicheldt, heute ein Stadtteil von Peine, war früher ein kleines Bauerndorf 6 km südwestlich von Peine. Es war schon bald zu Beginn der Eisenbahnära an die Eisenbahnstrecke Hildesheim-Hämelerwald angeschlossen. Urkundlich hieß der Ort 1131 Shvegelten, später hatte er so sonderbare Namen wie Sueglete, Suechlete oder Sulglete. Das St. Godehardikloster in Hildesheim erwarb in Schwicheldt planmäßig ansehnlichen Grundbesitz. Abt Theoderich erbaute zum Schutz und als Zufluchtstätte der Einwohner eine Kirche, nach deren Vollendung im Jahre 1185 Bischof Adelog das Dorf aus dem Pfarrverband mit der bisherigen Mutterkirche löste und es zu einer selbständigen Pfarre erhob.

1187 wird in einer Urkunde erwähnt, daß Abt Dietrich die Kirche mit einem Wall umfrieden ließ. Die Befestigung wurde angelegt „wegen der vielfachen Ausfälle und Plünderungen, welche die Kinder der Welt verübten". Gemeint sind die kriegerischen Auseinandersetzungen. Im Jahre 1215 ist der Priester Eckerhardus in Schwicheldt urkundlich bezeugt. Er war aber sicher nicht der erste Pfarrer.

Das Gut Schwicheldt am Nordrand des Dorfes war der Stammsitz der Familie, nach der der Ort später seinen Namen erhalten hat. Urkundlich werden 1169 zuerst Elveric, Reindag und Bertoldus genannt. Einer Urkunde von 1360 ist zu entnehmen, daß die Brüder von Oberg einen Hof in Schwicheldt übernommen haben. Die Federzeichnung zeigt das Torhaus des Gutes mit Durchblick zum Eingang des Gutshauses. Um 1550 erbaute Christoph von Oberg, der damals Schwicheldt besaß, in der Feldmark an der alten Heerstraße Peine-Hannover die Giesenburg. Die Flurbezeichnung „Der Burgkamp" zeugt noch heute davon. Über die Dampfziegelei erzählt man, daß sie von dem Grafen von Schwicheldt an den Grafen von Oberg überging, nachdem Schwicheldt sie im Spiel verloren hatte. Es ist übrigens die älteste Ziegelei des Kreises.

Seit dem 1. März 1974 ist Schwicheldt ein Stadtteil von Peine. Der Ort führt aber dennoch ein eigenes Wappen. Es zeigt ein sechsspeichiges rotes Rad, aus dem eine rote Blume mit zwei geschwungenen Blättern, einer Kelchblüte und zwei Rosenblüten wächst. Als Sinnbild des Lebens gilt das Rad. Die Blume mit unterschiedlichen Blüten ist ebenfalls ein Symbol. Es ist bei vielen Völkern bekannt als Lebensblume und deutet auf die unterschiedlichen Menschenschicksale hin.

Die neugotische Kirche mit mittelalterlichem Westturm, eine evangelische Pfarrkirche, stammt aus dem Jahre 1843. Im unteren Bereich scheinen noch Teile von dem 1185 vollendeten Gründungsbau vorhanden zu sein. Das Glockengeschoß ist um 1500 erneuert worden, der Turmhelm 1648. Der Turm ist über einem rechteckigen Grundriß ausgeführt.

Krieg
Schwicheldt.

Stederdorf

Das alte Haufendorf hieß schon im 13. Jahrhundert Stederdorp. Befestigungen, „Steinerne Türme", in Stederdorf und Oberg waren im Besitz von Vasallen der Hildesheimer Kirche. Sie wurden von Herzog Heinrich dem Wunderlichen und seinen Verbündeten um 1300 in der Fehde gegen Bischof Siegfried II. von Hildesheim (1279 – 1310) eingenommen und zerstört. In sächsischer Zeit unter Karl dem Großen gehörte Stederdorf zum Gau Flutwidde, der sich von der Aller bis dicht an Vöhrum und Peine erstreckte. Im Süden lag der Gau Ostfalia. Unter Heinrich dem Löwen und unter seinem Nachfolger kam es zu heftigen Machtkämpfen um die Ländereien bei Stederdorf. Das reichsunmittelbare Hochstift Hildesheim entstand, dem im 13. Jahrhundert auch die Grafschaft Peine zufiel. Im Norden hatten jedoch die Herzöge von Braunschweig Grafschaftsrechte erworben und die Grenze bis an die Tore Peines vorgeschoben. Stederdorfs „fester Turm" war die Bastion der Herzöge. Die Fundamente sind im Keller des Gemeindehauses noch zu sehen.

In die Zeit 1260 bis 1280 wird eine undatierte Urkunde eingereiht, die durch die Erwähnung eines Pfarrers Walther in Stederdorpe das älteste Zeugnis für das Vorhandensein von Pfarre und Kirche im Dorf bietet. Auf dem an der Urkunde befindlichen spitzovalen Siegel des Pfarrers ist der Sündenfall dargestellt. Diese Urkunde befindet sich im Staatsarchiv Hannover. Somit ist die damals katholische Kirche das älteste Gebäude des Dorfes und das älteste Baudenkmal des Kreises Peine. Die heutige einschiffige Bruchsteinkirche stammt aus der zweiten Hälfte des 16. Jahrhunderts. Der Westturm in den unteren Teilen ist mittelalterlich, das Glockengeschoß ist im 18. Jahrhundert in Fachwerk erneuert. Die Kirche liegt am Ortsrand des Dorfes auf dem ehemaligen Friedhof.

Weil Stederdorf jahrhundertelang ein welfischer Vorposten gegen Hildesheim war, erhebt sich im Wappen der welfisch-lüneburgische Löwe, blau mit roter Zunge und schwarzer Bewehrung, kampfbereit im goldenen Feld. Rechts und links befinden sich blaue Rauten, die dem Wappen der Familie von Oberg entnommen sind. Die Familie besaß in Stederdorf seit dem 13. Jahrhundert Grund und Boden und lange Zeit das Patronatsrecht über die Pfarre. Bis 1852 übte sie auch die niedere Gerichtsbarkeit aus.

Die Bockwindmühle in Stederdorf hat man 1997 restauriert. Sie wurde 1884 von dem Müller Hansen erbaut. Seit dem Jahre 1890 war sie im Besitz der Familie Wolters, zuletzt hatte sie der Müller Otto Wolters im Betrieb. Die Mühle liegt nördlich des Dorfes hinter dem an der Straße befindlichen Wohnhaus.

Stederdorf ist heute längst nach Peine eingemeindet. Doch seinen dörflichen Charakter hat sich der Ortsteil bewahrt.

Stederdorf.

Vöhrum

Der Ort Vöhrum entstand dort, wo sich die Straße von Peine in Richtung Celle und Burgdorf gabelt. Die älteste Namensform ist 1013 und 1022: Vorden. Diese Schreibweise bleibt das ganze Mittelalter hindurch in Gebrauch. Daneben kommt die Schreibart Vorem vor. Im 14. Jahrhundert gibt es folgende Unterscheidungen: 1333 to groten Vordem, 1370 lutteken Vordem, 1380 und 1386 Kerchvorden. Es gab also zwei Dörfer, Groß und Klein Vöhrum, die eine Kirche gemeinsam nutzten. Ob der in den Jahren 1223 und 1257 bis 1260 im Kloster Marienrode bei Hildesheim urkundlich erwähnte Klosterbruder Hermann Priester in Vöhrum gewesen ist oder ob er sich nur nach dem Dorf nannte, ist nicht überliefert. Man kann deshalb nicht auf ein Gotteshaus schließen. In einer Urkunde von 1370 wird erstmals von einer Kirche in Vöhrum berichtet: Die Adlige Gertrud von Werthe und ihr Sohn Rabodo veräußerten das von den Kindern Heinrich von Schwicheldt gekaufte Dorf mitsamt einem Kirchendarlehen an Bischof Gerhard und das Domstift zu Hildesheim. Der Bischof war auch später noch Patron der Kirche.

Das heutige evangelische Gotteshaus ist ein Fachwerkbau aus der Zeit um 1700, in dem Teile einer kleinen massiven Kirche aus dem letzten Viertel des 16. Jahrhunderts einbezogen sind. Die einschiffige, rechteckige Kirche mit dem unsymmetrisch über der Westfront aufsitzenden Turm liegt ein wenig erhöht auf dem eingeebneten Friedhof im mittleren Teil des Dorfes.

Die älteren und jüngeren Bauteile bilden in der Außenansicht ein einheitliches Ganzes. Bemerkenswert ist der Flügelaltar mit herrlich geschnitzten Figuren. Die sind in einem Geschoß über einer durchlaufenden Sockelzone angeordnet: Im Schrein in der Mitte der Gekreuzigte, links davon Maria und ein heiliger Bischof, rechts Johannes und die hl. Katharina; auf dem linken Flügel ein bärtiger Heiliger, anscheinend ein Apostel, trotz des Palmenwedels in seiner Hand, und der Apostel Thomas. Auf dem rechten Flügel befinden sich der hl. Petrus sowie die hl. Anna selbdritt. Die Figuren sind vermutlich um 1480 entstanden. Durch die Erneuerung des Innenraumes 1958 ist der Altar wieder Mittelpunkt geworden. Seit 1960 hat auch die katholische Kirchengemeinde ein Gotteshaus in Vöhrum. Die St.-Josefs-Kirche gehört zu den markanten Bauwerken sakraler Architektur im Peiner Land.

In dem Wappen von Vöhrum, das seit dem 1. März 1974 ein Stadtteil von Peine ist, zieht sich in Rot ein goldener Brückenbogen über einen silbernen Wellenbalken. Er erinnert an die Ableitung des früheren Ortsnamens „Vorden", der Furtheim bedeutet. Eine Furt führte durch die Fuhse. Später wurde sie durch eine Brücke ersetzt.

Der von den ehemaligen Reichswerken Salzgitter betriebene Bergbau brachte auch Vöhrum eine enorme Erweiterung des Ortes.

Vöhrum.

Wendesse

In Wendezelle erzählt man die Sage von einem großen Brand, bei dem mehr als dreiviertel des Dorfes zerstört worden sein soll. Als das Dorf in Flammen stand, umritt der Patronatsherr Graf von Oberg den großen Brandherd. Der Feuersturm legte sich und die wenigen noch von den Flammen verschonten Bauernhäuser waren gerettet. Das hier abgebildete Gebäude soll noch aus dieser Zeit stammen.

Blickt man in die Ortschronik, findet man nur eine Erwähnung in einem Lehnsbrief von 1529, nach der das Dorf „wüst" sei. Weder über die Größe des ursprünglichen Ortes noch über den Zeitpunkt des Wüstwerdens ist etwas bekannt. Es können Seuchen gewesen sein, die im 14./15. Jahrhundert das Veröden des Dorfes bewirkt haben, oder aber ein Großbrand, der zwar nicht belegt ist, aber in dem die Sage ihren Ursprung hat.

In Urkunden taucht Wendesse zum ersten Mal 1390 auf. In einem Vermächtnis des Erbmarschalls Dinklar wird das Dorf erwähnt. Doch läßt der Ortsname die Vermutung zu, daß das ursprüngliche Dorf dieses Namens schon 500 nach Christi gegründet worden ist und demnach schon früher bestanden hat als das benachbarte Stederdorf.

Nach der 1529 bezeugten Periode des Wüstliegens wurde spätestens im 17. Jahrhundert ein neuer Anfang gemacht. Damals gab es in Wendesse sechs Höfe, die entweder vom Grundherrn, dem Edlen von Oberg selbst, oder mit desses Erlaubnis von Bauern erbaut worden waren. Jedenfalls sind alle Wendesser Bauern allein dem Herrn von Oberg dienstverpflichtet gewesen. In der Aufstellung der Höfe des Amtes während der ersten Jahrzehnte nach 1600 heißt es von ihnen: „Empfangen ihre Hofe inder wen der Hauswirth stirbt von seinem Jungkern".

Die Beziehungen Wendesses zum adligen Gut kommen in seiner Zugehörigkeit zum adligen Geschlecht zum Ausdruck. Da der Gutsherr zugleich Kirchenpatron war, ist es nicht weiter verwunderlich, daß Wendesse auch zum Kirchenspiel Stederdorf gehörte.

Der Rat der Gemeinde faßte 1964 den Entschluß, sich mit der Nachbargemeinde Stederdorf nach der Niedersächsischen Gemeindeverordnung zu einer Samtgemeinde zusammenzuschließen. Zehn Jahre später, am 1. März 1974, wurde man nach Peine eingemeindet.

Das Wappen von Wendesse in seiner heutigen Form stammt aus dem Jahre 1961. Es zeigt im gespaltenen Schild in Gold den rot bewehrten, blauen lüneburgischen Löwen, da Wendesse jahrhunderteland zu den welfischen Landen gehörte. Im daneben befindlichen blauen Feld schweben drei aufrechte goldene Tannenzapfen über einem silbernen Doppelhaken. Sie stammen aus dem Wappen eines hier früher einflußreichen welfischen Beamten, des Kammerrats Schenk von Winnigstedt.

Wendesse.

Woltorf

Woltorf war früher als Dorf zweigeteilt: der größere Teil gehörte zum hannoverschen Kreis Peine, der kleinere zum Herzogtum Braunschweig. Kurz vor der Jahrhundertwende bestand der Ort aus 41 Häusern. Die evangelische Kirche, Pfarre und Schule lagen im preußischen Teil. Die Grenzlinie, so heißt es in frühen Berichten, kann weder im Dorfe, noch in den Feldmarken, Holzungen und Wiesen gezogen werden. Der Ursprung dieses merkwürdigen Zustandes ist völlig unklar.

Das Dorf wird urkundlich um 1200 als Wolthorp genannt. Es wird für den Geburtsort des Abts Heinrich Woltorp zu St. Ägidien in Braunschweig gehalten. Er begleitete den Herzog Heinrich den Löwen auf seiner Pilgerfahrt und wurde nach der Rückkehr 1173 als Bischof nach Lübeck berufen.

Im sogenannten Schwittmerfelde, zwischen Woltorf und Peine gelegen, befand sich der Schwittmerhof. Dieses Gut war der Sage nach Anfang des 17. Jahrhunderts von zwei Schwestern bewohnt. Sie zogen wegen der Unsicherheit im Dreißigjährigen Krieg nach Woltorf. Der Feldherr Tilly hatte zu Ende des Jahres 1626 sein Hauptquartier in Peine und zog brandschatzend durch das Land. Aus Erkenntlichkeit für die ihnen in Woltorf gewährte Gastfreundschaft vermachten die Schwestern ihr Gut denjenigen Hofbesitzern Woltorfs, die sich um ihren Schutz besonders verdient gemacht hatten. Bezüglich des an die Gemeindeforst grenzenden „Schwittmerholzes" bildeten die Bauern eine Interessentenschaft. An der Woltorfer Grenze gegen Essinghausen und Meerdorf finden sich noch Reste des alten Landwehrgrabens des Stiftes Hildesheim mit seinen Verwallungen und der sogenannten "Lumpenburg". Diese Landwehren sind Bestandteil des heutigen Wappens.

Die Pfarrkirche gehörte, wie berichtet, zu Preußen. Zwar wurde die Pfarre 1542 von den Braunschweigern visitiert, doch heißt es in den Visitationsakten von 1540: „Herr Peter ist Peinsch", der Prediger stammte also aus Peine. In den Visitationsprotokollen von 1568 wird der Pfarrer nicht genannt, weil Pfarre und Gotteshaus ins Amt Peine gehörten.

Ein weiteres Geschichtsdatum finden wir im Wappen von Woltorf. Über der Lebensrune auf dem Taufstein, der silbern in Rot auf einem von drei schmalen blauen Leisten durchzogenen goldenen Hügel das Wappen ziert, bedeutet „Im Jahre des Herrn 1305". Die Leisten stehen für die alten Landwehren mit Wällen und Gräben am Rande des Woltorfer Holzes.

Das Alten-Pflegeheim Woltorf wurde am 2. Juni 1958 vom Deutschen Roten Kreuz in Betrieb genommen. Erbaut wurde das Haus im Jahre 1897 als Privatsanatorium. Es wurde bis zur Schließung 1955 von Dr. Kruse betrieben. Das langgestreckte Gebäude in der Nähe des Bahnhofs ähnelt einem Schloß. Ein herrlicher Park umgibt das heutige Alten-Pflegeheim, in dem etwa 90 alte Menschen betreut werden.

Woltorf.

Edemissen

Im Zuge der Gebietsreform ging das alte Edemissen am 1. März 1974 in der gleichnamigen Einheitsgemeinde auf, zu der 14 Dörfer gehören. Dazu zählen: Abbensen, Alvesse, Blumenhagen, Eickenrode, Edemissen, Eddesse, Mödesse, Oedesse, Oelerse, Plockhorst, Rietze, Voigtholz-Ahlemissen, Wehnsen und Wipshausen. Die Gemeinde liegt verkehrsgünstig zwischen Braunschweig und Hannover. Auch früher lagen die Dörfer schon verkehrsgünstig: zwischen Alvesse und Eickenrode verlief die alte Poststraße, und Edemissen war Bahnstation an der Nebenlinie Peine-Plockhorst. Heute kann man auf dem zur Gemeinde Edemissen gehörenden Flugplatz von Eddesse auch mit dem Flugzeug landen.

Neben der Industrie wird in den Dörfern immer noch Landwirtschaft betrieben. Spargel- und Kartoffelanbau ist für viele Landwirte eine wichtige Erwerbsquelle. Äcker, Wiesen, Wälder und weite Wasserflächen bilden die Landschaft. An den Flußniederungen von Fuhse, Erse und Schwarzwasser stehen Eichen, Buchen und Linden. Sie geben der Gegend ein Gepräge. Die Waldgebiete Berköpen und Tadensen laden zu erholsamen Spaziergängen ein.

In der Vergangenheit gab es zahlreiche archäologische Funde in dieser Gegend. Im Buschwald bei Edemissen befinden sich kleine Hügelgräber, möglicherweise aus der Bronzezeit. Dann legte man ein Urnengräberfeld aus der frühen Eisenzeit, etwa 900 v. Chr. bis zur Zeitwende, frei.

Das ehemalige selbständige Dorf Edemissen liegt 8 km nördlich von Peine. Pfarrer und Pfarrkirche werden urkundlich im Jahre 1295 bezeugt. Man kann wohl annehmen, daß auch der Geistliche Hermann von Edemissen, der als Zeuge in einer Urkunde von 1253 erwähnt wird, Pfarrer in Edemissen war. Aus späterer Zeit werden die Pfarrer Nicolaus (1362) und Nikolaus Wisen (1376 und 1377) genannt. In der Urkunde von 1295 wird Edemissen unter den Sendekirchen aufgeführt, ist aber später nicht mehr als Sitz eines Oberkirchenaufsehers (Archidiakonat) bezeugt. Die im Umkreis liegenden Dörfer Abbensen, Blumenhagen, Eixe, Plockhorst, Wehnsen, Oedesse, Ölheim und Wendesse waren nach Edemissen eingepfarrt. Nur Abbensen bildete lange Zeit einen eigenen Pfarrbezirk. Das Pfarrpatronat war damals im Besitz des Hildesheimer Bischofs. Dem Pfarrhandbuch von 1694 ist zu entnehmen, daß zu dieser Zeit die Familie von Bülow aus Abbensen das Patronat besaß.

Die evangelische Pfarrkirche von Edemissen, eine einschiffige Bruchsteinkirche von 1691 bis 1699 erbaut, hat einen in der Mitte der Westfront liegenden Turm. Er stammt vermutlich schon aus dem 13. Jahrhundert. Die Sakristei an der Südseite des Kirchenschiffes zeigt auf einem Eckquader die Jahreszahl 1504. Vermutlich ist die Sakristei mit dem Kirchenschiff aus barok-

Edemissen
Gografenhaus.

ker Zeit, den datierten Eckquader hat man von der älteren Kirche übernommen.

Das Kirchenschiff schließt mit versetzter Achse so an, daß die Nordwand bündig mit der Nordseite des Turmes weitergeführt ist. Die Südwand ist um 4 m nach Süden herausgeschoben und bis in eine Flucht mit der Westseite des Turmes vorgezogen. Der der südlichen Turmwand vorliegende Schiffsteil ist das Ergebnis der ehemaligen Patronatsfamilie, der Freiherren von Bülow auf Abbensen, im Innern mit einer Wand gegen den Hauptraum abgeschlossen. Der Chor wird aus fünf Seiten eines etwas unregelmäßigen Achtecks gebildet.

Nach dem Zweiten Weltkrieg entstand gegenüber dem Bahnhof die Fronleichnamskirche, die am 29. November 1959 vom Weihbischof Pachowiak ihrer Bestimmung übergeben wurde.

Der nördliche Teil des Kreises Peine, die alte Gografschaft Edemissen, war ehemals Teil des Amtes Meinersen. Ein Gograf (gôgrefe) war ein politischer Beamter, dem man als Teil seiner Besoldung Grund und Boden zugewiesen hatte. Urkundlich hatten seit dem 12. Jahrhundert die Herren von Meinersen das Amt zunächst als Reichslehen, dann als herzoglich-lüneburgisches Lehen im Besitz. Nach ihrem Aussterben war das Amt zeitweise an die Stadt Lüneburg verpfändet. 1388 gelangte es an die braunschweigische Linie der Welfen, 1512 wieder an das Haus Lüneburg. Zur Gografschaft als Unterbezirk des Amtes Meinersen wurden 1652 und 1746 folgende Orte gerechnet: Abbensen, Ahlemissen, Ahnsen (nur 1652), Alvesse, Blumenhagen, Oedenhausen, Eddesse, Edemissen, Edense, Eickenrode, Eixe, Eltze, Halpe (nur 1652), Horst, Mödesse (nur 1746), Oedesse, Ohof, Plockhorst, Rietze, Stederdorf, Voigtholz, Wehnsen, Wendesse (nur 1746), Wipshausen und Wölpse (nur 1652).

Außerdem wurden 1746 zum Amt Meinersen die damals zu Wolfenbüttel gehörenden Dörfer Duttenstedt, Essinghausen und Meerdorf sowie die Hildesheimer Dörfer Rüper und Wense dazugerechnet. Adlige Niedergerichte bestanden in den Dörfern Abbensen, Blumenhagen, Dedenhausen, Stederdorf und Wendesse. Durch die Kantonsgliederung unter der französischen Herrschaft von 1807 bis 1813 war die Gografschaft Edemissen vorübergehend aufgehoben, entstand aber erneut als Verwaltungseinheit des wiederhergestellten Amtes Meinersen. Dabei wurden zunächst auch wieder die adligen Gerichte in Abbensen und Stederdorf, nicht aber Blumenhagen wieder eingerichtet, bis sie in den folgenden Jahrzehnten endgültig zugunsten des Amtes Meinersen aufgelöst wurden.

Das Erdöl spielt in der Einheitsgemeinde Edemissen eine besondere Rolle. Schon Mitte des 19. Jahrhunderts wurden hier, in einem der ältesten deutschen Ölfelder (Ölheim, Berghöpen-Edemissen), Bohrungen niedergebracht. Bereits 1882 gab es über 80 Bohrtürme. Im Verlauf von Jahrzehnten ging die Ölförderung stetig zurück. Der Ortsteil Ölheim verdankt dem Öl seine Entstehung. Das Öl wurde vorwiegend zum Abschmieren und zu Leuchtzwecken benutzt.

Das Wappen der Einheitsgemeinde Edemissen ist eng verbunden mit dem Schicksal der Dorflinde. Schon die einstige Großgemeinde Edemissen beschloß 1951, ein Wappen zu führen, in dem eine blaue Linde im goldenen Feld steht und aus einem schwarzen Grund aufwächst. Zu beiden Seiten des Stammes befindet sich ein roter, achtstrahliger Stern im blauen Kreis. Ein Schmuckelement, wie es in der Volkskunde vorkommt. Der Baum sollte an die als tausendjährig geschätzte Linde erinnern, die vor der Kirche von Edemissen stand. Dieser Baumriese war im Zweiten Weltkrieg an Altersschwäche zusammengebrochen. Weil man nicht ohne Dorflinde sein wollte, wurde ein junger Baum gepflanzt. Sein Schicksal schien besiegelt, als ihn 1945 ein amerikanischer Panzer niederwalzte. Man konnte den Baum wieder aufrichten und er wuchs seit dem weiter.

In der Gebietsreform ging die alte Großgemeinde mit dem Kernort Edemissen und den Dörfern in der derzeitigen Einheitsgemeinde auf. Durch Ratsbeschluß vom 27. November 1974 und mit Genehmigung des hildesheimischen Regierungspräsidenten vom 2. April 1975 erhielt die Gemeinde ein neues Wappen. Eine goldene Linde steht in einem blauen Feld. Der Anzahl der Gemeinden entspricht die Zahl der Blätter. Im unteren goldenen Feld schreitet ein lüneburgischer, rot bewehrter blauer Löwe. Ein Wappen, in dem an die Landesgeschichte erinnert wird und zugleich an die der Gemeinden.

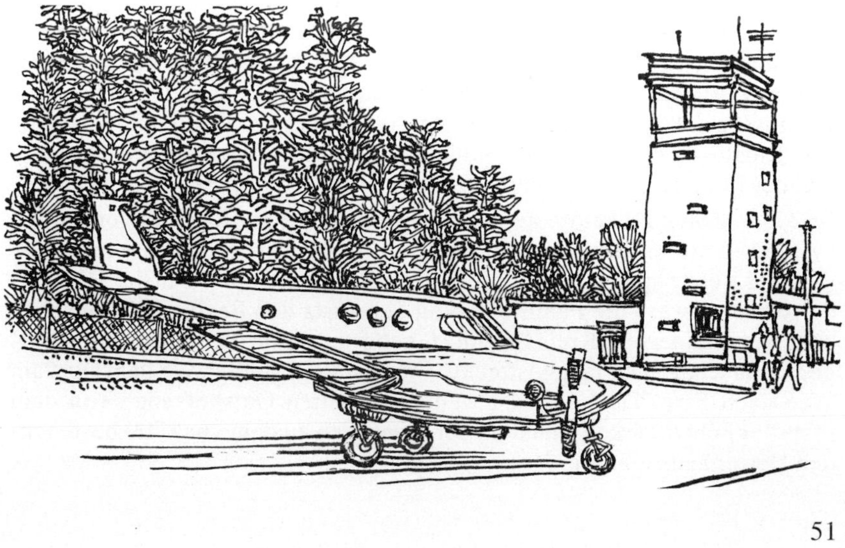

Abbensen

Vermutlich ist mit dem Ort ein urkundlich 1221 genanntes Dorf identisch, das ab 1383 Abbensen heißt und das Burchard von Salder von Herzog Friedrich von Braunschweig und Lüneburg zu Lehen bekam.Eine „Capello tho Abbenßen" wird erstmals in einem Pfründeregister erwähnt, das Herzog Ernst (der Bekenner) von Lüneburg 1534 erstellen ließ. Hierin sind die „Namen der Kerken Capellen Pastorn Capellanen Vicarien Commondisten unde Klosteren des Fürstenthumbs Lüneburg" beschrieben.

In den Edemisser Pfarrnachrichten schrieb Pastor Barkhausen (1809 – 1846) über Abbensen: „Die Capelle ist mäßig, 1362 erbaut und jetzt ihrer Baufälligkeit wegen abgerissen. Die dicken Mauern hätten noch lange stehen können, wenn sie ein gehöriges Fundament gehabt hätten. Mit der Erbauung der neuen Kapelle erheben sich neue Schwierigkeiten, von denen die vornehmste ist, daß man kein Geld hat. Die Kapelle hatte 469 Jahre gestanden."

In dem Bericht von Pastor Barkhausen heißt es weiter: „Im Frühjahr 1833 hat man in Abbensen angefangen, eine neue mächtige Kapelle auf einem neuen Platze zu bauen." Es ist eine einschiffige Bruchsteinkirche, nach den Plänen von Konsistorialbaumeister Hellner erbaut. Das Kirchenschiff ist rechteckig, die Langseiten und die Chorseite dreiachsig. Die beiderseits des Turmes überstehenden Teile der Westseite sind mit je einer Fensterachse versehen. Hohe, rundbogige Fenster auf den Langseiten; auf der Ost- und Westseite in zwei Geschosse verteilt, oben rundbogig, unten rechteckig. Geweiht wurde die Kirche, die erst später einen Kirchturm erhielt, am 26. März 1835. Im Sommer 1905 fing man mit dem Bau des Turmes aus Sandstein an. Am 14. Januar 1906 konnte das Turmweihfest gefeiert werden. Im Zweiten Weltkrieg, nach den Bombennächten im Oktober 1943, war die Kirche arg in Mitleidenschaft gezogen. Am 15. Oktober 1961 wurde sie völlig renoviert und wieder eingeweiht. Das Gotteshaus liegt an der Straße nach Edemissen auf dem früheren Friedhof. Auf dem Platz der alten Kapelle entstand später das Gemeinde-Schulhaus. Es wurde schließlich abgebrochen und der Platz von der Kirchengemeinde an die Kreissparkasse verkauft.

Im 17. Jahrhundert kaufte der Kammerpräsident Paul Joachim von Bülow zwei adlige freie, landtagsfähige Höfe in Abbensen. Von den von Bülow ging der Besitz später an die Familie von Heimburg über. Um die Jahrhundertwende erwarb die Familie K. von Schwartz den Besitz. Da Abbensen zum Amt Meinersen, Kreis Burgdorf, gehörte, zählte das Gut zur Lüneburger Ritterschaft. Der langgestreckte Gutshof liegt südlich vor dem Dorf am Weg nach Eixe. Doch viel ist weder vom alten Gutshof noch von dem ursprünglichen Park vorhanden, der eigentlich zu dem vor 1709 bestehenden Herrenhaus gehörte.

Abbensen.
Kries

Alvesse

Die Herren von Meinersen, die nach dem Sturz Heinrich des Löwen eine starke Position erlangten und es sogar erreichten, daß ihnen das Amt als unmittelbares Reichslehen zugesprochen wurde, besaßen 1224 vier Höfe in Alvesse und kassierten auch den Zehnten. Nach dem Wiedererstarken des Welfenhauses gaben die Herzöge von Braunschweig-Lüneburg 1340 die Höfe und den Zehnten an die Herren von Mahrenholtz und von Reden je zur Hälfte. Sie waren Vasallen der Herzöge.

Erstmals wird Alvesse in einer Urkunde von 1161 als Alvedissen genannt, 1191 schrieb man Alvethesheim, 1226 Alvedissem, 1279 Alvedessen. Der Name verkürzte sich 1335 zu Alvedesse und dann zu Alvesse.

Alvesse liegt im nördlichen Teil des Gebietes im Tal der Erse. Der „Jakobigraben", ein kleines Nebenflüßchen der Erse, soll den ersten Siedler veranlaßt haben, sich hier niederzulassen. Das Dorf lag im altsächsischen Gau Flutwidde. Später gehörte es jahrhundertelang zur Gografschaft Edemissen. Alvesse hat sich noch stark den Charakter eines Vorheidedorfes bewahrt. Noch heute sind mehr als die Hälfte der Häuser Bauernhäuser. Die Verkoppelung vollzog sich in dieser Gegend im Jahre 1839. Rezesse sind aber leider nicht mehr vorhanden.

Die Bauern verdienten in früheren Zeiten gutes Geld mit Hopfen, Cichorien und Gemüse. Auf den Weiden wurden Kühe und Schafe gehalten. Als der Hopfenanbau im Mittelalter in der gesamten Umgebung überhand nahm, ordnete 1383 der Rat der Stadt Braunschweig an, daß kein Bauer mehr als den dritten Teil seines Landes mit Hopfen bepflanzen dürfe, um der Minderung des Getreideanbaus entgegenzutreten. Aber auch Flachs wurde angebaut. Seine ölhaltigen Samen lieferten das Leinöl, die Fasern unter der Epidermis des Stengels wurden als Bastfasern oder Flachsfasern zur Herstellung von Textilien verwendet. Die heutige Landwirtschaft hat sich umgestellt auf den Anbau von Zuckerrüben und Weizen.

Ein Wohnhaus besonderer Art findet man im Oberdorf. Es ist in ökologischer Bauweise entstanden. Eine Architektur-Gemeinschaft aus Hannover (Georg Conradt, Rosie Wahrenholdt) hat dieses Haus geplant und gebaut. Mit der begrünten Dachfläche und dem gepflegten Garten ist das Haus ein Schmuckstück.

Das Wappen von Alvesse zeigt im gespaltenen Schild in Gold einen rot bewehrten blauen Löwen, daneben in Blau einen goldenen Kesselhaken. Der war früher in jeder Küche zu finden. Dieser Haken ermöglichte, Kessel und Töpfe höher oder niedriger übers offene Herdfeuer zu hängen. Das Wappen wurde vom Ortsrat am 8. Juni 1961 beschlossen und kurz darauf vom hildesheimischen Regierungspräsidenten genehmigt. Heute gehört Alvesse zur Samtgemeinde Edemissen.

Alvesse.

Blumenhagen

Der Ortsname gab Anlaß für das Dorf, ein redendes Wappen zu entwerfen, das am 14. Februar 1962 vom hildesheimischen Regierungspräsidenten genehmigt wurde. Unter den Blumen wählte man die Sonnenblume aus. Sie mußte nach den Regeln der Wappenkunde dargestellt werden. Im blauen Wappengrund wächst aus dem grünen Boden vor einem Zaun eine Sonnenblume mit drei goldenen Blüten. Da im Wappen keine Farben aufeinanderstoßen dürfen, mußten die grünen Blätter in Silber dargestellt werden. Die Metalle Gold (= Gelb) und Silber (= Weiß) stehen somit im Wechsel zu den Farben Blau und Grün.

Die Endung -hagen im Ortsnamen bezieht sich im allgemeinen auf Orte, die im Schutze einer Befestigung lagen. Eine Burganlage konnte aber bis heute nicht nachgewiesen werden. Es bleibt bei Vermutungen, denn systematische Grabungen und Untersuchungen sind nicht durchgeführt worden. Tatsache ist, daß in der Gemarkung von Blumenhagen ein Ringwall von 45 m Durchmesser vorhanden ist. Es wird angenommen, daß es sich hier um einen befestigten Wohnsitz eines sächsischen Edelherren im 8. bis 10. Jahrhundert handelt.

Die Kapelle in der früheren Haufensiedlung Blumenhagen wird im Pfründeregister von 1534 als zu Edemissen gehörend geführt. Die Kapelle setzt sich aus zwei Bauteilen zusammen. Die massive Osthälfte ist anscheinend spätmittelalterlich, vermutlich aus der ersten Hälfte des 16. Jahrhunderts. Das Mauerwerk des älteren Teils besteht aus unregelmäßig geschichtetem Bruch-Kalkstein, untermischt mit Eisenstein. Das kleine Gotteshaus besitzt je ein flachbogiges Fenster nach Norden und Osten, nach Süden zwei. Die Westhälfte ist im 17. Jahrhundert in Fachwerk erneuert. Der Dachreiter stammt von 1828. Im Jahre 1910 wurde die Kapelle gründlich restauriert. Der jüngere Fachwerkteil hat verhältnismäßig breite Gefache. Die Kapelle steht inmitten des Dorfes an der Landstraße.

Das Gotteshaus enthält den Rest eines gotischen Flügelaltars aus der Zeit um 1400 mit fünf Figuren, die im Jahre 1889 auf dem Kapellenboden gefunden worden sind und damals durch Vermittlung von C. W. Hase restauriert wurden. Es handelt sich um eine Gruppe der Marienkrönung, um die hl. Barbara und um einen unbekannten Heiligen, der in der Linken ein Buch hält, in der Rechten einen Stab, dessen oberstes Stück leider abgebrochen ist. Dann ist der hl. Martin zu sehen, seinen Mantel teilend, vor ihm kniend der arme Bettler.

Blumenhagen kann auch als Reiterdorf bezeichnet werden. Das Dorf gilt als Hochburg des Reitsports im Landkreis Peine. In den fünfziger Jahren wurden hier regelmäßig Reitturniere und Pferdeschauen abgehalten, zu denen Pferdeliebhaber von weit her kamen.

Krieg.
Blumenhagen.

Eickenrode

Der Ortsname zeigt, daß Eickenrode zu den „Rode-Dörfern” gehört. Es ist eine Epoche der Siedlungsgeschichte, als die entstandene Bevölkerungsdichte in den Dörfern wieder zu Aussiedlungen zwang. Die Landwirtschaft konnte mit ihren Erträgen nicht mehr alle Dorfbewohner ernähren.

In dem Wort Eicken erkennt man ohne Schwierigkeit, daß die Aussiedler einen Eichenwald rodeten, um Platz für Haus und Hof, dazu für Felder und Wiesen zu gewinnen.

In der Pfarrchronik wird zunächst von fünf auseinanderliegenden Gehöften an der Erse berichtet. Sie wurden bald aufgeteilt und ein Dorf entstand. Die Steuerliste des Amtes Meinersen aus den Jahren 1699 bis 1700 führt neun Halbspännerhöfe, vier Kothöfe und drei Brinksitzerstellen auf.

Eickenrode wurde 1966 an die Samtgemeinde Eltze angeschlossen und kam am 1. März 1974 in die neue Großgemeinde Edemissen. Das Ortswappen, das die Gemeinde bereits 1961 erhielt, erinnert noch einmal an die Entstehung des Dorfes. Auf blauem Grund erkennen wir die goldene Eiche, davor eine silberne Axt sowie eine Hacke, schräggekreuzt. Sie waren die Werkzeuge zum Roden des Eichenwaldes.

Das Haufendorf Eickenrode liegt 13 km nordöstlich von Peine. Urkundlich wurde Eykenrode 1356 erstmals erwähnt. Das Patronatsrecht besaßen nach Lüntzels Archidiakonatsverzeichnis die von Oberg auf Duttenstedt, deren Vorwerk Thadensen nach Eickenrode eingepfarrt war. Zur Zeit der Einführung der Reformation scheint Eickenrode wohl eine selbständige Pfarrgemeinde gewesen zu sein. Später wurde es mit Duttenstedt, 1805 mit Eltze verbunden.

Die einschiffige Backsteinkirche wird, zumindest im Ostteil, aus der zweiten Hälfte des 17. Jahrhunderts stammen. Vermutlich kommt für die Bauausführung das Jahr 1664 in Betracht, das auf einer ehemals im Chorfenster eingesetzten Wappenscheibe der Kirchenpatrone zu lesen war. Auch die Kirchenbücher beginnen 1664. Wenig später, im Jahre 1670, ist der Glokkenstuhl datiert. Der mittelalterliche Westturm ist älter als der Ostteil. Im Jahre 1840 wurde der Bau verändert und eine Wetterfahne erinnert mit der Jahreszahl daran. Zu dieser Zeit sind wahrscheinlich die Fenster und Türen vergrößert worden. Das Gotteshaus liegt an der Dorfstraße. Der Kirchhof dient als Schulhof.

Die nebenstehende Zeichnung zeigt die ehemalige Hofanlage am Alten Postweg 17. Das Wohnwirtschaftsgebäude wurde im Kern 1610 erbaut, wie eine Inschrift belegt. Der vermutlich um 1900 errichtete Wohnteil wurde als zweistöckiger Fachwerkbau mit Ziegelausfachung ausgeführt. Der Wirtschaftsteil dürfte zu den ältesten noch im Landkreis vorhandenen Teilen eines Bauernhauses zählen. 1997 wurde das Gebäude restauriert.

Der alte Posthof
Eickenrode.
Krieg.

Eddesse

In grauer Vorzeit marschierte ein Riese über das Land. Plötzlich drückte ihn etwas im Schuh. Er zog ihn aus, schüttelte ihn, und heraus fiel ein Kieselstein. Doch was für einen Riesen ein Kiesel war, polterte als mächtiger Findling auf die Erde. Das ist, in kurzer Form, die Gründungssage von Eddesse, die man gern erzählt und die auch im Ortswappen festgehalten ist. In der unteren Hälfte des Wappens finden wir den silbernen Findling auf goldenem Hügel. In der oberen Hälfte schreitet der braunschweig-lüneburgische Löwe.

Der Ort Eddesse wird häufig verwechselt mit den Wüstungen Eddessum bei Machtsum und Eddesen bei Ersehof. Im Jahre 1287 überließ Herzog Otto von Braunschweig dem Abt und Convent des Klosters Medingen unter anderem die Vogtei in Eddesse. Im Jahre 1304 verkauften die Edlen von Dorstadt den Zehnten zu Eddesse an das Ägidienkloster in Braunschweig. Diese Urkunde kann sich aber auch auf ein anderes Dorf gleichen Namens nördlich von Braunschweig beziehen. Die Familie von Schwicheldt besaß nach Urkunden von 1428 und 1539 den jetzt ausgetrockneten See nördlich des Dorfes.

Die Eddesser Pfarre ist zuerst 1301 durch eine Urkunde über ihre Vereinigung mit der Pfarre zu Dedenhausen bezeugt. Damals wurde festgesetzt, daß die Güter der Pfarre unvermengt bleiben und der Pastor in Dedenhausen wohnen soll. Will er das nicht, so haben die Bauern das Recht, die Pfarre nach Belieben einem anderen zu verleihen. 1331 wird Albert von Peine Pfarrer in Eddesse und Kaplan in Dedenhausen genannt. Das Patronatsrecht gehörte zu dem adligen Gut in Bolzum bei Hildesheim.

Die klassizistische Bruchsteinkirche wurde vermutlich 1839 nach Entwürfen des Konsistorialbaumeisters Hellner erbaut. An der Westfront befindet sich ein von dem älteren Bau übernommener gotischer Turm aus dem 14./15. Jahrhundert. Das Gotteshaus befindet sich auf dem eingeebneten Friedhof im Westteil des Dorfes.

Es ist etwas Ungewöhnliches, daß man die Gelegenheit hat, über 500 Fasanen zu sehen. In der Fasanerie in Eddesse werden sie aufgezogen und in Jagdreviere ausgesetzt. Über den Volieren hat auf einem Mast ein Storchenpaar sein Nest gebaut und Junge aufgezogen. Die Störche brüteten früher auf dem Dach des Nachbarn.

Es sind aber nicht allein die Störche, die über Eddesse ihre Kreise ziehen, sondern täglich überfliegen das Dorf Flugzeuge, die auf dem nahen Flugplatz starten und landen. Erst kamen die Sportflieger, dann wurde der Flugplatz auch für den Geschäftsverkehr mit Privatjets interessant. Wer nicht selber fliegt, kann das Treiben vom Kasino aus bei einer Tasse Kaffee beobachten.

Eddesse

Mödesse

In Mödesse waren im Jahre 1956 die „Schatzsucher" am Werke. Am 21. März jenes Jahres wurde beim Pflügen auf einem Acker der Feldmark des Dorfes Mödesse nordöstlich von Peine durch den Bauern Erich Köhler ein Münzfeld gehoben. Für die deutsche Münzgeschichte und die Brakteatenzeit des 12. Jahrhunderts ist der Fund von überdurchschnittlicher Bedeutung. Die Fundstelle liegt etwa 1000 m westlich des Ortes an der Straße nach dem Nachbardorf Edemissen. Im Ganzen enthielt der Fund unter anderem Braunschweiger Brakteaten, Münzprägungen aus der Zeit Heinrichs des Löwen von 1160 bis 1195.

Man fand die Münzen in einer Tiefe von etwa 20 cm. Sie lagen in einem irdenen Topf, dessen Scherben wieder zusammengesetzt werden konnten bis auf die fehlenden und wohl abgepflügten Randstücke. Die Münzen lagen, in Rollen geschichtet, in diesem Gefäß.

Bereits im Jahre 1890 hatte man auf dem gleichen Grundstück einen ähnlich großen Brakteatenfund gehoben. Dieser erste Mödesser Fund brachte etwa 3000 Brakteaten zutage. Die Erinnerung an den Fund von 1890 war in Mödesse noch lebendig. Man erkannte sofort seine Bedeutung und meldete den neuen Fund der zuständigen Niedersächsischen Münzforschungsstelle am Städtischen Museum in Braunschweig. Dort wurden die Münzen wissenschaftlich bearbeitet. Eine ausführliche Beschreibung des Brakteatenfundes von Mödesse hat Dr. Wilhelm Jesse 1957 mit den „Braunschweiger Werkstücken", Band 21, vorgelegt. Die Abbildung von drei Brakteaten führt die Gemeinde Mödesse in ihrem Wappen.

Das Gebiet des heutigen Landkreises Peine gehörte in sächsischer Zeit zwei Gauen an. Der Nordteil gehörte zum Gau Flutwidde, der Südteil zum Gau Astvala (Ostfalen). Die Grenze zwischen ihnen verlief auf der kulturgeographisch so bedeutsamen Scheide von Löß- und Moränenboden. Das Dorf Mödesse gehörte zum Gau Flutwidda.

Viele Jahre bestand Mödesse nur aus zwei Höfen und als Dorf taucht es in frühen Urkunden nicht auf. Erst 1620 wurden die zwei Höfe erwähnt. Sie gehörten Christoph Sanders und Hennig Brandes. Beide hatten an den Rat in Braunschweig Zins zu zahlen und weitere Abgaben an die von Meinersen zu leisten. Nach dem Siebenjährigen Krieg war der Amtmann in Meinersen bemüht, „die Wohlfahrt seiner Unterthanen zu heben". Es wurde Heideland abgegeben an Bauern und Siedler, die es unter den Pflug nehmen sollten. Aus Mödesse meldeten sich Franz Köhler und Heinrich Christian Grove.

Mödesse ist immer ein kleines Dorf geblieben. Es hat aber die Zeichen der Zeit richtig erkannt und sich mit Wirkung vom 1. Juli 1965 mit Edemissen, Blumenhagen, Alvesse und Voigtholz-Ahlemissen zu der Samtgemeinde Edemissen zusammengeschlossen.

Mödesse.
Kries 97.

Oedesse

An den Rändern der Salzstöcke wurden auch erdölführende Ablagerungen des tieferen Untergrundes bei Bohrungen erreicht, so daß an manchen Orten das Erdöl sogar an der Erdoberfläche austreten konnte. Solche natürlichen Erdölvorkommen wurden schon im 17. Jahrhundert bei Oedesse und Oberg von den Bauern ausgenutzt. Sie schöpften das sich in den sogenannten Teerkuhlen sammelnde „Erdfett" ab, um es als Wagenschmiere zu verwenden. In der Umgebung von Oedesse wurden schon in den Jahren 1849 bis 1856 Bohrungen niedergebracht, an denen auch Carl Horstmann beteiligt war. Doch galten sie wie auch 1862 bei Oedesse von dem Geologen Hunäus veranlaßte Bohrung wohl weniger dem Erdöl, als den dort vermuteten Steinkohlenablagerungen. Auch den in den 70er Jahren nun schon zur Auffindung des Erdöls, das damals als Petroleum Bedeutung gewann, bestimmten Bohrversuchen war zunächst ein Erfolg versagt. Bis 1880 die erste fündige Bohrung in verhältnismäßig geringer Tiefe gelang und 1881 ein eruptiver Ölaustritt, ein „Spring", den für jene Zeit sicheren Beweis für reiche Erdölvorräte brachte. Es war eine Sensation! Man dichtete: „Ölheim, Ölheim, endlich wird es Licht,/ Armdick, armdick schon der Strudel bricht!" Der Amtshauptmann Freiherr von Uslar-Gleichen zu Meinersen schrieb in einem Brief: „Ohne ein weiteres Zentrum hat bereits das Publikum diesen Ortsnamen Oelheim so allseitig angenommen, daß eine Menge Briefe mit dieser Anschrift an die Bewohner der dortigen Gebäude gelangen..." So entstand der Ort Oelheim, eine damals südlich von Oedesse gegründete Siedlung. Der überraschende Bohrerfolg rief jetzt die Spekulanten auf den Plan.

Die Endung des Ortsnamens Oedesse ist abgeleitet von -heim. Über das Alter der -heim-Dörfer sind sich die Historiker nicht einig. Hier im Landkreis Peine scheint es sich um fränkische Gründungen zu handeln. Präzise Unterlagen gibt es nicht, auch Urkunden aus dieser Zeit sind nicht bekannt. Im Steuerbuch des Amtes Meinersen aus den Jahren 1749/50 finden wir den Hinweis, daß Oedesse acht Bewohner hatte. Die sind auch namentlich erwähnt.

Landwirtschaft, aber auch Industrie prägen heute das Leben in Oedesse. Seit dem 1. März 1974 gehören Oedesse mit Oelheim zur Gemeinde Edemissen. Das geteilte Ortswappen zeigt im unteren Feld ein silbernes Zahnrad in perspektivischer Ansicht. In die Nabe des Zahnrades sind zwei goldene Ähren gesteckt, die an die Landwirtschaft erinnern. Weil Oedesse jahrhundertelang zu den welfischen Landen des lüneburgischen beziehungsweise hannöverschen Anteils gehörte, schreitet im oberen goldenen Feld der rot bewehrte, blaue lüneburgische Löwe. Der Rat beschloß dieses Wappen am 9. Juni 1961, und der hildesheimische Regierungspräsident genehmigte es am 27. September desselben Jahres.

Oedesse

Oelerse

Das schon früh nach Sievershausen eingepfarrte Dorf wird in einem alten Zehnt-, Feld- und Fruchtregister des Klosters Wienhausen vom Ende des 13. Jahrhunderts als Olerdessen erwähnt. In einer Urkunde aus dem Jahre 1505 ist von einer Wiese „vffe dem schermbeke twischen Olerse vnnd Dolberge gelegen" die Rede. 1534 wird erstmals die Kapelle des Ortes genannt, die aber wegen ihrer Baufälligkeit etwa Mitte des 18. Jahrhunderts abgebrochen wurde. 1773 erbaute man die neue Kapelle. Sie wurde 1920/21 vergrößert und in den siebziger Jahren renoviert.

Das Gotteshaus mißt außen 10,3 m und ist 6,6 m breit. Die Westseite ist mit einer Bruchsteinmauer versehen. Die Fachwerkkapelle mit der geraden geputzten Holzdecke und den vorstehenden Balken ist im Osten durch ein halbes Achteck geschlossen. Auf dem westlichen Ende des abgewalmten Pfannendaches erhebt sich der mit einem Satteldach überdeckte Dachreiter. In einem Riegel der Eingangstür an der Südseite ist die Jahreszahl 1773 eingeschnitzt.

Der aus dem Ende des 15. Jahrhunderts stammende geschnitzte Altarschrein zeigt im Mittelstück Christus vor einem erhöhten Kreuz. Darunter befinden sich zwei betende Figuren und seitlich davon eine Personengruppe. In beiden Flügeln sind die Figuren der zwölf Apostel zu sehen. Ein bemalter, hölzerner Kruzifixus stammt aus dem Ende des 15. Jahrhunderts. Eingerahmt wird der Kanzelkorb von geschnitzten Blütengirlanden und Puttenköpfen. Es ist ein interessantes Werk spätgotischer Bildschnitzerei.

Im gesamten Fuhsetal standen früher Wassermühlen, die neben den Windmühlen das Korn mahlten. Die „Neue Mühle" bei Oelerse mahlt nicht mehr, sie liefert heute Strom. Von 1970 bis 1994 wurden noch Hafer und Gerste geschrotet. Seit 1994 ist der Müller Stromlieferant. Für rund 50 Häuser reicht der erzeugte Strom, der aus Oelerse kommt.

Die „Neue Mühle" hatte, wie der Name schon erkennen läßt, eine Vorgängerin. Die „Alte Mühle" gehörte zum von Salderschen Gut in Abbensen. Sie wurde 1581 abgebrochen. Die „Neue Mühle" ist um 1580 von den Celler Herzögen erbaut worden, die sie gegen Zins verpachteten. Sie war mit erheblichen Rechten ausgestattet, war Bannmühle (Herrschafts- und Gerichtsgewalt) für das gesamte Kirchspiel Sievershausen.

Es gab im Laufe der Zeit viele Pächter, bis die „Neue Mühle" schließlich 1879 von Carl Bente, einem Vorfahren des heutigen Besitzers, gekauft wurde. Sein Sohn Otto Bente ließ 1906 an Stelle der großen Wasserräder Turbinen einbauen. Wer sich heute der „Neuen Mühle" nähert, hört nicht die einst gewohnten Geräusche, das Geklapper der ausgeschlagenen Räder mit ihren Holzzähnen, sondern den Gesang eines modernen Triebwerkes, der Turbinen und des herabstürzenden Wassers.

Oelerse

Plockhorst

Plockhorst liegt nördlich von Peine zwischen Erse und Fuhse, jene kleinen Flüsse, die sich bei Eltze vereinen. Die Fuhse entspringt bei Groß Flöthe im ehemaligen Hildesheimischen Amt Liebenburg, tritt bei Lobmachtersen in den ehemaligen herzoglich-wolfenbüttelschen Bezirk, durchfließt die früheren Ämter Gebhardshagen, Salder und Lichtenberg von Südosten nach Nordwesten, verläßt nordwärts Woltwiesche das Fürstentum, und setzt durch das ehemalige Hochstift Hildesheim und das Fürstentum Lüneburg ihren Lauf fort. Die Fuhse diente den Bauern als Verkehrsweg, besonders Torf und Baumaterialien wurden auf ihr und dem unweit verlaufenden Kanal transportiert.

Plockhorst ist in der Rodezone der Sachsen in der Karolingerzeit entstanden. Es blieb lange Zeit eine kleine unbedeutende Siedlung. Die erste urkundliche Erwähnung stammt aus dem Jahre 1272. Wie es in der Urkunde heißt, übergab das Alexander-Stift in Einbeck am 4. April jenes Jahres dem St. Blasius-Stift in Braunschweig neben einigen Gebäuden in Plockhorst auch 16 Hufen Land mit Leuten und Knechten. Diese 16 Hufen entsprachen 480 Morgen. Es handelt sich vermutlich um die gesamte gerodete Fläche.

Plockhorst gehörte einst zur Gografschaft Edemissen, einem Teil des Amtes Meinersen. Dieses Gebiet wurde von den Herren von Meinersen zunächst als Reichslehen verwaltet, später besaßen sie es als Lüneburgisches Lehen. Nachdem das Geschlecht ausgestorben war, wurde das Amt zeitweise an die Stadt Lüneburg verpfändet, 1428 kam es an Wolfenbüttel, 1512 zum Herzogtum Lüneburg. 1966 fand das Dorf Anschluß an die Samtgemeinde Eltze, 1974 erfolgte die Eingemeindung in die neue Großgemeinde Edemissen.

Die ehemalige Kapelle ist im Pfründeregister von Edemissen nicht erwähnt, zu dessen Pfarrbezirk sie aber gehörte. Sie ist wohl im 16. Jahrhundert erbaut worden. Genaue Aufzeichnungen darüber fehlen. Erhalten ist eine verschließbare Sakramentsnische, die in die 1913 errichtete Schule eingebaut worden ist.

Ein wichtiges Ereignis war der Bau der Eisenbahn. Schon 1871 wurde Plockhorst Bahnstation an der Strecke Lehrte-Gifhorn-Gardelegen. Noch vor 1914 wurde der Bahnhof an der Eisenbahnlinie Lehrte-Öbisfelde erbaut.

Auf den im Ort befindlichen Eichenkamp deutet das Ortswappen hin. Am 13. Juli 1961 wurde es im Rat beschlossen und am 27. September desselben Jahres genehmigt. Das Plockhorster Wappen zeigt den braunschweigisch-lüneburgischen Löwen in vertauschten Farben, also Gold auf Blau in der vorderen Hälfte eines gespaltenen Schildes, der im hinteren, goldenen Feld ein grünes Eichenblatt nebst Eicheln enthält.

MMK
18 43
Kries
Plockhorst.

Rietze

Rietze an der Erse ist eine der kleinsten Gemeinden des Landkreises Peine und gehört heute zur Gemeinde Edemissen. Die Erse schrieb man im vorigen Jahrhundert noch Erze. Sie entspringt unter dem Namen Aue bei Watenstedt, durchfließt das ehemalige Residenzamt Wolfenbüttel, das Amt Eich, das frühere Gericht Vechelde und die Vogtei Meinersen, und tritt bei Harvesse in das ehemalige lüneburgische Amt Peina, wie es einmal hieß. Hier erhält der Fluß den Namen Erse und vereinigt sich mit der Fuhse. Zwischen Aue und Oker verlief in der Mitte des 18. Jahrhunderts ein Kanal, der sich aus dem Lüneburgischen zwischen dem Residenz- und Eichamt entlang zog. Er diente zum Transport des Lichtenberger Bauholzes und des Alvesser Torfes. Die ältesten Höfe in Rietze liegen noch heute entlang der Erse. Man nennt sie die „Wasserreihe", die mit der später entstandenen „Landreihe" und dem Hirtenhaus den Kern des Dorfes bilden.

Obwohl Rietze abseits der heutigen Bundesstraße liegt, war der Ort früher bedeutend. Er lag an der alten Heerstraße von Braunschweig nach Celle. Der alte Postweg, der in einer Karte des Amtes Meinersen von 1785 eingezeichnet ist, führte ebenfalls durch den Ort.

Von großer Bedeutung für Rietze war die Verkoppelung, die Zusammenlegung von Grundbesitz in der Gemeindeflur. Es dauerte zehn Jahre, bis endlich 1858 die Besitzverhältnisse neu geklärt waren. Dem Rezeß ist zu entnehmen, daß im Dorf sechs Halbspänner, sechs Köther, ein Brinksitzer, vier Anbauern sowie vier Abbauern wohnten. Ein im Rezeß erwähnter Kirchweg führte in das benachbarte Wipshausen, zu dessen Pfarre Rietze gehörte.

Rietze ist heute ein niedersächsisches Bauerndorf, in dem die Landwirtschaft eine Rolle spielt. Dort, wo sich die Spargelfelder ausdehnen, gab es einst nur Heide. Zur Zeit des Ersten Weltkrieges wurde das Heideland kultiviert.

Die Wappenbeschreibung weist auf das alte Bauerndorf hin. Hierin heißt es: „Der Löwe symbolisiert die Jahrhunderte währende Oberhoheit der Welfenherzöge, die Dreschflegel mögen ein Zeichen des Fleißes der Bauernschaft sein und an alte Zeiten erinnern, wo der Dreschflegel dem Landmann im Kampfe um seine Freiheit gelegentlich auch als Waffe diente, und damit ein Symbol für freiheitlichen Sinn und Selbstbewußtsein des niedersächsischen Bauern, wie er in Rietze zu Hause ist."

Im geteilten Wappen von Rietze, das seit dem 1. März 1974 ein Ortsteil von Edemissen ist, schreitet der Löwe. Unten weist in Blau eine goldene Ähre über zwei gekreuzten silbernen Dreschflegeln mit goldenen Beschlägen auf den Charakter des Ortes hin. Der Gemeinderat beschloß am 12. September 1961 das Wappen, der hildesheimische Regierungspräsident genehmigte es am 28. Dezember des gleichen Jahres.

Rietze.

Voigtholz-Ahlemissen

Bei Meerdorf und Voigtholz-Ahlemissen fand man Friedhöfe mit Brandgräbern aus germanischer Zeit. Auf zwei Gräberfeldern nördlich der Lößgrenze hat man Urnen und Gefäße aus gebranntem Ton ausgegraben. Unter den Funden befanden sich auch Werkzeuge und Waffen aus Eisen. Diese Fundstücke wurden ausgiebig untersucht und man stellte fest, daß das verschmolzene Eisenerz aus dieser Gegend stammt. Heute wissen wir, daß die Germanen bereits im 1. und 2. Jahrhundert n. Chr. die technischen Kenntnisse besaßen, die ansich schwer schmelzbaren Salzgitter-Erze zu verhütten. Es waren dieselben Erze, die in unserer Zeit in den modernen Hochöfenanlagen von Groß Ilsede und Salzgitter verschmolzen werden.

Die Doppelgemeinde Voigtholz-Ahlemissen, im Nordteil des Landkreises Peine gelegen, hat sich seinen bäuerlichen Charakter bewahrt. Rund 90 Prozent aller Häuser sind Bauernhäuser. Eine Schule gibt es nicht in dem Ort. Die Kinder besuchen die 1959 erbaute Schule in Alvesse und die 1964 erbaute Mittelpunktschule Edemissen. Der Träger ist der gleichnamige Schulzweckverband. Die Gemeinde Voigtholz-Ahlemissen bildet zusammen mit Alvesse, Mödesse, Blumenhagen und Edemissen seit dem 1. Juli 1965 die Samtgemeinde Edemissen.

Im geteilten Ortswappen schreitet oben ein blauer Löwe im goldenen Wappengrund. Mit dem Löwen wird daran erinnert, daß das Doppeldorf lange Zeit Teil des lüneburgischen Amtes Meinersen war und zu den welfischen Landen gehörte. Mit zwei silbernen, hintereinander gestellten silbernen Wagenrädern auf grünem Hügel verweist das Wappen zugleich auf die beiden Ortsteile und auf die Landwirtschaft.

Die Kapelle in Voigtholz ist wegen der künstlerischen Ausgestaltung eine Perle im Landkreis Peine. Nachdem das alte Kapellengebäude 1973 verkauft worden war, baute der ortsansässige Maler Hans Nowak eine Kapelle auf seinem Grundstück und stellte sie für Gottesdienste zur Verfügung. Eine Seitenwand der Kapelle füllt eine Neuschöpfung des berühmten Gemäldes „Das Abendmahl" von Leonardo da Vinci aus. Hans Nowak schuf das Bild in dreijähriger Arbeit. Er schuf ferner bemerkenswerte eigenständige Gemälde religiösen Inhalts. Kunstfreunde kommen oft auf seinen Malerhof, kirchliche Gruppen veranstalten in der von ihm geschaffenen Kapelle Andachten und Konzerte.

Hans Nowak wurde am 15. Mai 1922 in Halle an der Saale geboren und studierte unter anderem in München und Paris. 1996 verstarb der Maler. Er hatte immer höchsten Wert auf die Ausdruckskraft seiner Farben gelegt. Hans Nowak, so ist oft zu hören, errang durch seine Fälschung Weltruhm. Tatsächlich wollte er die Kunstwelt überzeugen, daß zur Restaurierung alter Gemälde nur originalgetreue Farben taugen.

Voigtholz.

Wehnsen

Wehnsen liegt im Niederungsgebiet zwischen den Flüssen Erse und Fuhse und hat noch heute einen stark ländlichen Charakter. Mehr als die Hälfte der Häuser sind noch Bauernhäuser. Die Flüßchen westlich der Oker haben wie diese eine südnördliche Richtung. Aus dem ehemaligen Amt Salder kommt die Fuhse, die durch das hildesheimische Gebiet der Aller entgegenfließt, die sie vor Celle schließlich erreicht. Vorher hat sie die ihr östlich parallel laufende Aue aufgenommen, die von der alten braunschweigischen Grenze ab Erse heißt.

Zwei Urnengräberfelder bei Wehnsen aus der frühen Eisenzeit und ein Hügelgrab bei Wehnsenhorst aus der Bronzezeit zeigen, daß dieses Gebiet schon früh besiedelt war. Die zum Pfarrbezirk Edemissen gehörende Kapelle wird in dem dortigen Pfründeregister von 1534 noch nicht erwähnt, hat also vermutlich damals noch nicht bestanden.

Die schöne Fachwerkkapelle liegt an der südlichen Dorfstraße. Sie stammt vermutlich aus dem 17. Jahrhundert und wurde 1913 nach Westen vergrößert. Die Glocke im Dachreiter trägt die Inschrift: „Bockelmann Pastor Anno 1695". Der Flügelaltar stammt aus dem 16. Jahrhundert. Er wurde aber erst 1714 aufgestellt. Man hatte ihn von der Gemeinde Päse im Landkreis Gifhorn gekauft.

In Wehnsen erzählt man gern folgende Sage: „Wehnsen soll einst im westlich vom heutigen Dorf befindlichen Burgdorfer Holz gelegen haben. In Kriegszeiten sollen Söldner raubend und brandschatzend in das Dorf eingedrungen sein – alles ging in Flammen auf. Die Bewohner, die das überlebt hatten, flüchteten und erreichten das Sumpf- und Moorgebiet östlich vom Eddesser See. Hier fühlte man sich sicher und erbaute ein neues Dorf: das heutige Wehnsen."

Der Ortsteil Wehnserhorst ging aus dem Haus Nr. 1 hervor. Es war der Stammhof mit 360 Morgen Land. Ein Adliger war ursprünglich der Besitzer. Eine Riegelinschrift erinnert daran: „Freiherr v. Winterstedt, dänischer General-Leutnant". Er lebte im 18. Jahrhundert. Sein Grabstein steht in der Kirche von Equord. Die weiteren Besitzer sind nicht mit letzter Sicherheit zu benennen.

Ein nicht alltägliches Wappen haben sich die Wehnser zugelegt. Das verwendete Sinnbild wurde in der Volkskunst häufig verwendet. Es ist eine in Blau gestellte goldene Doppelspirale mit verdicktem Steg. Als Vorlage dienten die plastisch herausgearbeiteten Doppelspiralen an den Hausbalken zweier alter Bauernhäuser des Ortes. Mit der Wappenfarbe Blau/Gold wird an die Jahrhunderte dauernde Zugehörigkeit zum welfischen Hoheitsgebiet erinnert. Der Rat beschloß das Wappen im November 1950 und der niedersächsische Innenminister genehmigte es am 7. Juli 1951.

Wehnsen
Kreis.

Wipshausen

Früher führten die Wege nicht immer über Brücken, sondern quer durch die Flüsse. Man suchte sich seichte Stellen aus, die Furt. Die Erse beispielsweise erwies sich leichter passierbar als die Fuhse. Bauern und Handelsleute durchquerten sie mit Pferd und Wagen gern bei Wipshausen. Seichte Stellen mit festgeschwemmtem Sand machten den Übergang hier leicht. An manchen Stellen legte man auch Stege an.

Der Ort Wipshausen wird urkundlich 1391 als Wipdeshusen genannt, in dem von Lüntzel abgedruckten Archidiakonatsverzeichnis auch Wixteshusen. In einer urkundlichen Aufzeichnung von 1415 ist von einem Priester in Wypteshusen die Rede. Das Patronatsrecht hatte der Bischof von Hildesheim. Über den Wipshausener Ortsteil Horst wissen wir nur, daß hier bereits die Sachsen gesiedelt haben. In Urkunden taucht der Ort nicht auf. Er wurde am 1. Januar 1968 mit Wipshausen vereint und gelangte mit diesem 1974 an die Samtgemeinde Edemissen.

Die Kirche in Wipshausen ist sehr alt. Es handelt sich um eine einschiffige Bruchsteinkirche. Der Grundriß des Westturms, seine kleinen Schallöcher mit Rundbogen und dem Kämpferprofil am Durchgang zum Schiff, sind vermutlich Bauteile vom 12. Jahrhundert. Anhaltspunkte für eine genauere Datierung fehlen. Der klassizistische Ausbau stammt von 1808. Damals wurden die Mauern erhöht und die größeren Fenster eingebaut.

Nach den Rodungen der Eichen- und Kiefernwälder konnten die Bauern auf dem gewonnenen kargen Boden des Ackerlandes nicht reich werden. Sandverwehungen minderten die Erträge, die durch Weidewirtschaft nur schwer auszugleichen waren. Mit Windschutzhecken versuchte man sich vor dem Verlust der Ackerkrume zu schützen. Erst die Erfindung des Kunstdüngers änderte die Situation. Sein Einsatz ermöglichte den Anbau von Spargel und änderte die wirtschaftliche Lage. Heute ist Wipshausen durch die Qualität seines Spargels bekannt geworden.

Deutlich auf die früheren Bodenverhältnisse verweist das Wappen von Horst, einem Ortsteil von Wipshausen. Bevor dieses kleine Dorf gegründet wurde, mußten die Siedler Wald roden, ehe Ackerland entstand und Raum für die Häuser geschaffen werden konnte. Im blauen Schildfuß wird mit drei goldenen Kienzapfen der Kiefer an die Urbarmachung des Bodens erinnert. Oben im geteilten Wappen schreitet ein blauer welfischer Löwe. Ein Hinweis auf die jahrhundertelange Zugehörigkeit zu den welfischen Landen. Das Wappen wurde am 21. Juni 1961 vom Gemeinderat angenommen. Die Farbstellung Blau/Gold im schon 1951 genehmigten Ortswappen von Wipshausen und dem später entstandenen von Horst wählte man als Erinnerung an die frühere Zugehörigkeit zum Herzogtum Braunschweig.

Wipshausen.

Hohenhameln

Am 1. März 1974 entstand durch die Gebietsreform die Einheitsgemeinde Hohenhameln. Zwischen Hildesheim und Peine in einer landschaftlich reizvollen Gegend liegen elf Ortschaften, die sich damals zusammengeschlossen haben. Die Verwaltung in den Landkreisen sollte vereinfacht und damit kostengünstiger werden. Außerdem sollte eine größere Bürgernähe erreicht werden.

Die Einheitsgemeinde mit den ehemals selbständigen Dörfern Bierbergen, Bründeln, Clauen, Equord, Harber, Hohenhameln, Mehrum, Ohlum, Rötzum, Soßmar und Stedum mit Bekum bietet heute ein großes Freizeitangebot. Eine schmucke Badeanstalt in Hohenhameln ist heute Anziehungspunkt für die Bewohner auch der umliegenden Dörfer. Der sogenannte „Pfannteich" gehörte früher der Zuckerfabrik und wurde zum Säubern der Zuckerrüben genutzt. Als die technische Entwicklung diesen Vorgang veränderte, überließ man den Teich kostenlos dem damaligen Turn- und Sportverein, der ihn provisorisch als Badeanstalt herrichtete. Die Gemeinde erwarb schließlich das Grundstück, kaufte einige angrenzende Wiesen dazu und ließ mit erheblichem Kostenaufwand ein Erholungszentrum für Badefreunde anlegen. 1966 konnten Sprungturm und Rutsche eingeweiht werden. Auch Tretbootfahren ist angesagt, eine Minigolf-Anlage ergänzt das Freizeitangebot.

Im Gemeindegebiet findet man eine Reithalle – man spricht sogar von einer Hochburg des Reitsports -, Tennisplätze, Sporthallen und -plätze. In Mehrum befindet sich ein Hallenwarmbad (30°) – ein Badespaß für die ganze Familie. Ein kleines Gewerbegebiet von 4 ha Größe ist in Hohenhameln entstanden, in Mehrum, bedingt durch das Kraftwerk, ein Gebiet von 50 ha.

Das Dorf Hohenhameln, einst eine haufenförmige geschlossene Siedlung, liegt auf dem Rücken und an dem steil abfallenden Süd-Abhang eines wesentlich west-östlich verlaufenden, 25 m über die Umgebung sich erhebenden Höhenzuges. Der Ortsname ist erstmals urkundlich 1146 als Hameln überliefert. 1180 schrieb man Hohameln, später auch Honhameln. Diese und ähnliche Schreibweisen kommen auch in den folgenden Jahrhunderten nebeneinander vor. Hohenhameln war Mittelpunkt des gleichnamigen Kirchenbannes, der 1226 zuerst bezeugt ist. Auch weltliche Gerichte gab es hier. 1226 beurkundet Bischof Konrad die Ablösung des Vogteirechtes über die Güter des Archidiakonats, das war die Kirchenoberaufsicht, durch den damaligen Archidiakon Johann von den Edelherren von Depenau gegen eine Zahlung von 11 Mark Silber. Im gleichen Jahr und später, 1235 und 1240, wird ein Pfarrer Conrad gewählt. 1339 wird ein Pfarrer Heinrich genannt, Propst des Marien-Magdalenen-Klosters in Hildesheim, dessen

Hohenhameln.

Siegel an der betreffenden Urkunde vorhanden ist. Im Jahre 1386 benutzte der Gogrefe, da er kein eigenes Siegel besaß, das Siegel des Pfarrers Diderkes aus Hohenhameln. Ein Gogrefe war ein politischer Beamter. 1425 ist ein Bertold von Dudingen Kirchherr in Hohenhameln. 1485, so ist einer weiteren Urkunde zu entnehmen, am Freitag vor Pfingsten (20. Mai), wurde in der Fehde des Bischofs von Hildesheim mit der Stadt Hildesheim der vom Bischof befestigte, von Landleuten verteidigte Kirchhof zu Hohenhameln von den Gegnern erobert. 135 Mann wurden festgenommen, Hohenhameln ging mitsamt der Kirche in Flammen auf. So kann man aus frühen Urkunden die Geschichte eines Dorfes nachvollziehen.

Bald nach der schrecklichen Katastrophe von 1485 wurde eine neue Kirche gebaut. Sie ist das Wahrzeichen für den Ort geworden. Selbst im Wappen finden wir das Gotteshaus. In Gold ein roter, dreifenstriger, doppelt behelmter Kirchturm, der die Silhouette des Dorfkirchturms wiedergibt. Die Farbstellung im Wappen, Gold/Rot, erinnert an die Zugehörigkeit zum Bistum Hildesheim.

Die evangelische Pfarrkirche ist dem hl. Laurentius geweiht. Die einschiffige barocke Bruchsteinkirche wurde 1778 erbaut. Daneben der spätgotische Westturm, der anscheinend bald nach der Zerstörung der älteren Kirche im Jahre 1485 gebaut worden ist. Möglicherweise ist von jenem älteren Bau der für spätgotische Zeit ungewöhnliche rechteckige Grundriß des Turmes bedingt. Der Turm bildet mit seiner Doppelspitze besonders nach Westen und Süden ein weithin sichtbares Wahrzeichen in der Gegend.

Das Mauerwerk des Gotteshauses besteht aus Bruchstein, vorwiegend wohl Kalkstein, am Turm in ungleich hohen Schichten lagerhaft versetzt. Das Schiff springt um etwa Mauerstärke über den Turm hervor. Die gesamte Innenausstattung ist sehenswert, bemerkenswert der Taufstein. Er steht in einer Höhe von rund 1 m und einem Durchmesser von 80 cm im Mittelgang. Er ist aus Sandstein gefertigt, grau gestrichen und mit sparsamer Vergoldung versehen. Die Fußplatte besitzt ein breites Karniesprofil, darauf geflügelte Puttenköpfchen. Auf den Schaftseiten befinden sich drei Frauenmasken mit Fruchtbüscheln und drei stehenden Putten mit Palmwedel, Kreuz und Korb. Der stark ausladende Kessel hat annähernd senkrechte Wandungen. Auf den Wandungen sind die Halbfiguren von Christi und Johannes des Täufers sowie Kniefiguren der Evangelisten zu erkennen.

Die hier wiedergegebene Federzeichnung zeigt neben der evangelischen Kirche mit den Doppeltürmen auch die katholische Kirche. Sie wurde im Jahre 1912 gebaut. Ihre Geschichte geht auf das Ende des 17. Jahrhunderts zurück. Nach der Reformation setzte sich der Vogt Reiner Bösen für die wenigen Katholiken ein. Zunächst hielt man den Gottesdienst in einem kleinen Zimmer ab, später in einem zur Kapelle eingerichteten Saal. 1670 plante man den Bau einer Kirche, 1711 ist sie vermutlich fertiggestellt worden.

Aus diesem alten Gotteshaus hat man die wichtigen Ausstattungsstücke für den Neubau übernommen.

Hohenhameln war – neben Bettmar – Gerichtsstätte der „Freyen", der Gemeinschaft der freien Bauern, die keinem Grundherren abgabepflichtig waren. Schon um 1200 müssen die „Freyen" eine besondere Rolle gespielt haben. Im Mai 1807 fand in Hohenhameln das letzte „Freyding" statt. Es war seit Jahrzehnten nur noch eine leere Form. „Ist noch ein oder ander, der vor diesem löblichen Gericht etwas vorzutragen hat, der spreche...und das zum ersten, zum zweiten und dritten Mal!" rief der Dinggreve, der Gerichtsvorsitzende. Stille herrschte. „So hebe ich im Namen der Allerhöchsten Dreifaltigkeit dieses Gericht auf."

Bierbergen

Die frühesten urkundlichen Namensformen sind Bierberge (1151), Birbergen (1189) und Birberge (1194). Die im 13. Jahrhundert übliche Schreibweise ist Berberge, eine Reihe weiterer Schreibweisen kennen wir aus den folgenden Jahrhunderten. Das Geschlecht, das sich nach diesem Ort nannte, wird zuerst 1189 mit Othelricus de Birbergen erwähnt. In einer Urkunde von 1226 wird unter den geistlichen Zeugen ein Henricus de Berberge genannt. Das St. Moritzstift in Hildesheim, dessen Güterbesitz in Bierbergen seit 1151 bezeugt ist, erwarb nach 1331 das Patronatsrecht. Später ist es wohl an den Landesherrn und das Stift Loccum gefallen.

Auf einem Hügel im Dorf wurde eine romanische Kirche gebaut. Die Zeichnung zeigt das erhaltene Typanonrelief des zugemauerten Südportals der alten Kirche aus der Zeit um 1240. Unter Eiben und Fichten hat man Grabsteine aus der Barockzeit aufgestellt. Die einschiffige Bruchsteinkirche mit dem Westturm befindet sich inmitten des Dorfes auf einem erhöhten, gegen die Straßen und das Thie nach drei Seiten durch Bruchsteinmauern abgestützten ehemaligen Friedhof. Der Turm stammt im ältesten Teil, das heißt bis etwa in Firsthöhe des heutigen Schiffsdaches, aus der zweiten Hälfte des 12. Jahrhunderts. Das Glockengeschoß ist nachträglich im 13. Jahrhundert hinzugefügt. Wahrscheinlich gleichzeitig damit ist die an den Turm anschließende Westhälfte des Schiffes gebaut. Die Osthälfte des Schiffes ist barock, inschriftlich von 1719. Im Zusammenhang damit sind die Fenster des romanischen Teils verändert und 1783 ausgebessert worden. Altarraum und Sakristei sind 1909 an die Ostseite des Schiffes angesetzt.

Das Erdgeschoß des Turmes öffnet sich gegen das Schiff in einem Rundbogen mit gekehltem und geschrägtem Sockel. Das flachgedeckte Obergeschoß enthält in der Mitte der Ostwand eine rundbogige Nische mit einer Mensa, das ist die Platte eines Altars.

Inmitten des Dorfes, nördlich der Kirche, entstand eine schöne Platzanlage, auf der das 1963 entstandene Gebäude der Sparkassen-Zweigstelle steht. Die 1893 gegründete Molkerei-Genossenschaft ging 1963 in die Molkereigenossenschaft Berkum-Stedum auf.

Das Wappen von Bierbergen zeigt im gespaltenen Feld Brombeeren auf einem Hügel. Sie sind ein charakteristischer Teil unserer Pflanzenwelt, aber selten als Wappenbild verwendet worden. Mit dem goldenen Busch im roten Teil wird an die frühere Zugehörigkeit des Dorfes zum Fürstbistum Hildesheim erinnert. Mit der Brombeere im silbernen Teil, mit der Farbstellung Rot/Silber, wird auf die heutige Zugehörigkeit zu Niedersachsen verwiesen. So beschloß der Gemeinderat der seit dem 1. März 1974 zu Hohenhameln gehörenden Gemeinde das Wappen am 11. November 1960, und der hildesheimische Regierungspräsident genehmigte es am 26. Januar 1961.

Bierbergen

Bründeln

In Bründeln hat man bei Grabungen handverzierte Gefäße in Siedlungsresten aus der Zeit vor 5000 Jahren gefunden. Dieser Fund der heimatlichen Frühgeschichte findet sich in dem Wappen des Ortes wieder, das im Januar 1960 eingeführt wurde. Es zeigt in Rot ein goldenes rundbogiges Kumpgefäß mit einem Doppelspiralornament im Stil der jungsteinzeitlichen Bandkeramik. Dieses aus Scherben rekonstruierte Gefäß erinnert an jene ersten nachweisbaren Bewohner Bründelns. So beschloß der Rat der Gemeinde am 1. April 1959 dieses Wappen, in dem er als Farben die des jahrhundertelangen Landesherrn, des Fürstbischofs von Hildesheim, wählte. Der hildesheimische Regierungspräsident genehmigte das Wappen der damals noch selbständigen Gemeinde am 4. Januar 1960. Seit dem 1. März 1974 ist Bründeln ein Ortsteil von Hohenhameln.

Bründeln liegt etwa 11 km nordöstlich von Hildesheim am Südhang eines Höhenrückens, der sich von Hohenhameln bis in die Flur von Algermissen erstreckt. Es ist eines der kleinsten Dörfer im Kreis Peine. Die urkundlichen Namensformen im 13. Jahrhundert sind Brundelem und Brundelen. Im Jahre 1259 kaufte das Zisterzienserkloster Riddagshausen von Hildesheimer Bürgern 17 Hufen Land in Bründeln. 1260 erwarb es auf dem Tauschwege von dem Hildesheimer Domstift den Zehnten. Der Zehnte ist der zehnte Teil der Ernte und Einnahmen, den man abgeben mußte. Wieder ein Jahr später wurde die „grangia", das ist ein Vorwerk, ein Wirtschaftshof im Besitz des Klosters, von der Pfarrkirche in Lühnde befreit. Zu dieser Zeit haben also die Mönche selbst für das eigene Bedürfnis Gottesdienst in Bründeln gehalten. Daher muß ein wenn auch noch so bescheidener Raum für gottesdienstliche Handlungen, ein Oratorium, vorhanden gewesen sein. Im Jahre 1338 wurde, wie es in der Urkunde heißt, das Vorwerk Bründeln, das ehedem ein kleines Dorf gewesen war, durch Aufteilung der Ländereien wiederum zu einem Dorf gemacht. Das bedeutete eine Veränderung der Bewirtschaftung der dortigen Ländereien, wie sie auch sonst bei derartigen Klosterhöfen der Zisterzienser vorkommt.

Die mittelalterliche Anlage des Klosterhofes ist bis auf Reste eines Wallgrabens verschwunden. Nach Angaben der älteren Einwohner sollen jedoch nahe einer innerhalb des Walles vorhandenen Quelle noch Mauerreste im Boden stecken. 1860 war in Bründeln die Aufteilung und Vermessung der Feldflur abgeschlossen.

Trotz der Behauptung, daß jeder, der aus dem „Spring" trinke, einhundert Jahre alt werde, hat das wohl noch kein Bründelner geschafft. Der Ortsname Bründeln hängt mit den Wasservorkommen zusammen. Das Dorf liegt am Südhang des Höhenrückens, in dem ein Urstrom fließt, der die Brunnen speiste.

Bründeln

Clauen

Clauen war schon früh mit der Eisenbahn zu erreichen. Hier befand sich die Bahnstation der Kleinbahn Hildesheim-Hohenhameln-Hämelerwald. Die Haufensiedlung Clauen liegt nordöstlich von Hildesheim. Urkundlich wurde der Ort 1151 als Cleun erwähnt, später findet man häufig die Schreibweise Clowen. Bereits zur Zeit des Bischofs Adelog (1171-1190) ist eine bischöfliche Meierei in Clauen bezeugt, seit dem Jahre 1247 außerdem eine zweite im Besitz des Hildesheimer Kreuzstiftes. 1288 muß hier schon ein Gotteshaus und eine Pfarre vorhanden gewesen sein, da damals ein Hermanus, Prediger zu Clauen erwähnt wird. Das Patronatsrecht stand damals dem Bischof zu, möglicherweise ist danach die Kirche von einem Bischof auf seinem Grund und Boden in Clauen errichtet worden, wie es auch in anderen Fällen von den Hildesheimer Bischöfen besonders des 11. Jahrhunderts überliefert ist.

Die heutige evangelische Pfarrkirche ist eine einschiffige Bruchsteinkirche von 1796. Der romanische Westturm stammt noch aus der ersten Hälfte des 13. Jahrhunderts, er wurde wohl nachträglich noch erhöht. Nach noch vorhandener Bauakte wurde er 1837 restauriert. Das Gotteshaus liegt erhöht und ist gegen die Straße durch eine Bruchsteinmauer abgestützt.

Interessant ist die Geschichte der Orgel. Sie stammt aus der ehemaligen Barock-Schloßkapelle in Wolfenbüttel. Nach dem Abbruch der Kapelle im Jahre 1796 wurde die Orgel zum Verkauf freigegeben. Die Orgel wurde 1725 durch den Orgelbauer Johann Andreas Graffe in Wolfenbüttel gebaut. An der Orgel erkennen wir noch heute das Fürstenwappen mit dem Monogramm des Herzogs August Wilhelm von Wolfenbüttel (+1731). Ursprünglich hatte die Orgel noch ein Rückpositiv. Der Spieltisch lag nicht seitwärts wie heute, sondern vor der Orgel. Die Traktatur ist mehrfach verändert worden.

Das Ortswappen zeigt einen schreitenden, goldenen Löwen mit blauen Krallen und blauer Zunge im roten Wappenschild. Er hält ein silbernes Kreuz in seinen Pranken. Aus einer alten Wetterfahne von der Kirche wurden die Wappenbilder entnommen. Sie diente als Vorlage für das am 4. Januar 1961 vom Gemeinderat beschlossenen Ortswappen.

Die eiserne Wetterfahne zeigt keine Farben, die Aufschluß geben könnten, welches Vorbild für den Löwen gewählt wurde. Es liegt nahe, daß es der welfische Löwe ist. Das Kreuz und die Farbstellung Rot/Gold im Wappenfeld weisen auf das Fürstbistum Hildesheim hin. So verdeutlicht das Wappen die geschichtliche Situation, daß Clauen im Spannungsfeld zwischen den welfischen Herzogtümern und geistlichem Fürstenstaat lag.

Die Zuckerfabrik in Clauen beherrscht das Ortsbild. Der weitaus größte Teil der Einwohner pendelt zum Arbeiten in die nahe gelegenen Städte.

Equord

Equord hat sich durch seine Markuskirche, den „kleinen Petersdom", einen hohen Bekanntheitsgrad im Peiner Land und darüber hinaus erworben. In einem verkleinerten Maßstab ist die Kirche nach seinem römischen Vorbild erbaut worden. Die evangelische Pfarrkirche ist ein massiver, verputzter Zentralbau auf einem erhöhten Platz nördlich des Gutshauses gelegen. Begonnen wurde der Bau anscheinend noch vor 1697 unter dem Gutsherrn Georg Christoph von Hammerstein, Großvogt von Celle. Unter seinem Sohn, dem Generalleutnant Alexander von Hammerstein, wurde der Bau vermutlich um 1710 vollendet. Nach einer Aufzeichnung des von 1827 bis 1847 hier tätigen Mehrumer Pastors Volger war „im Eingange zum Beichtstuhl (Sakristei) vom Altare ab mit Bleistift folgende Notiz geschrieben: Dom 1. Adv. 1712 zum erstenmale gepredigt..."

Dieses Gotteshaus wurde im Gemeindewappen übernommen, oben eingefügt das Wappen der Familie von Hammerstein, die über 300 Jahre das Gut im Besitz hatte, und das der Familie von Salder, die es später übernahm. So beschloß der Gemeinderat das Wappen am 7. April 1960.

Der Geheime Rat des Herzogs Ernst August von Lüneburg, Georg Christoph von Hammerstein, ließ 1697 den Grundstein für den Bau der Gutskirche legen. Sie sollte ursprünglich ein Mausoleum, eine Familiengruft werden. Der Name des venezianischen Architekten ist nicht bekannt. Georg Christoph von Hammerstein soll ihn auf seinen Reisen in Italien kennengelernt haben. Geplant wurde der Bau in 16facher Verkleinerung nach den ersten Entwürfen des Petersdomes von Michelangelo. Die Kirche hat den Grundriß eines griechischen Kreuzes.

Das ehemalige Haufendorf wird bereits Anfang des 13. Jahrhunderts in Urkunden erwähnt. Eine Adelsfamilie nannte sich nach dem Ort. Ein Bartholdus von Equord und ein Priester, Ulrich von Equord, werden in frühen Urkunden erwähnt. Daraus kann man schließen, daß es schon früher eine Kirche gegeben hat. Das Vorhandensein einer Gutskapelle wird auch durch die Nachricht des Pastors Volger bezeugt. Nach seinen Angaben hatte „das Haus Equord...von altersher nach damaliger Sitte großer katholischer Familien Capellan und Capelle im Hause". Im 17. Jahrhundert werden Pfarrer auf dem adligen Gut des Ortes genannt.

Eng verbunden ist das Dorf mit dem Rittergeschlecht von Saldern. Die Söhne von Saldern wurden, wie man einer Urkunde von 1331 entnehmen kann, vom Hochstift Hildesheim mit elf Hufen und drei Hofstätten belehnt. Equord wurde ein „Junkersdorf". Erst Anfang des 17. Jahrhunderts gingen als unmittelbare Folge der Hildesheimer Stiftsfehde – die Herren von Saldern waren arg verschuldet – Burg und Gut Equord an die Welfenherzöge über.

Vries
95.
Equord.
St. Markus.

Harber

Das Dorf Harber wird in älteren Belegen oft mit einem gleichnamigen Ort bei Soltau verwechselt. Die sehr frühe Erwähnung des Ortes Heriborea in Urkunden der Jahre 802 und 824 betrifft aber Harber im heutigen Landkreis Peine. Nach 1212 schrieb man de Harberhe. Ein Lambertus de Hertbere wird in mehreren Bischofsurkunden als Ministeriale von Heinrich dem Löwen genannt. Eine Ministerialenfamilie von Harber ist noch im 15. Jahrhundert nachzuweisen.

Harber gehörte zum „Großen Freien". Das war ein Zusammenschluß von 14 Gemeinden um Lehrte. Sie hatten in dem lüneburgischen Erbfolgekrieg von 1369 bis 1400 treu zum Welfenhaus gestanden und sich nicht den fürstbischöflichen Hildesheimern angeschlossen. Ihre Treue wurde belohnt durch Freistellung von Spanndiensten und Abgaben. In den Familienwappen findet diese Verbundenheit mit dem Herzoghaus ihren Ausdruck, daß der Welfenlöwe mit zu den Wappenbildern übernommen wird. Ebenso verhalten sich die 14 Gemeinden „Zum Großen Freien".

Im Schildhaupt des Wappens von Harber schreitet ein goldener Löwe. Darunter wird das Wappen der 1329 ausgestorbenen Familie von Dassel abgelichtet, ein silbernes Hirschgeweih, dazwischen 12 goldene Kugeln. Reinald von Dassel, seit 1156 Kanzler des Kaisers Barbarossa und von 1159 bis 1167 Erzbischof von Köln, besaß in Harber Güter. Die Grafen von Dassel stammten aus einem alten sächsischen Geschlecht, dem Range nach die zweite der zwölf Grafenfamilien, aus denen die Sachsen ihre Herzöge wählten. Das Wappen wurde am 22. August 1939 genehmigt.

In den Jahren 1429 und 1478 ist für Harber ein Gericht nachweisbar. Es handelt sich um ein Freigericht oder Femgericht. Das war eine im Mittelalter verbreitete Art, Gericht zu halten. Diese Gerichte waren vom Kaiser mit dem Blutbann beliehen. Es konnte in des Kaisers Namen über Verbrechen abgeurteilt werden, die eine Todesstrafe nach sich zogen. Die Bezeichnung Freigericht bezieht sich darauf, daß alle Freigeborenen zur Teilnahme berechtigt waren. Alten Unterlagen ist zu entnehmen, daß das Gericht in Harber „auf der Straße" abgehalten wurde, wohl auf dem Dorfplatz, also nicht in einem Gebäude. Neben dem Femrichter waren Schöffen anwesend.

Im Jahre 1260 soll es zu einer kirchlichen Trennung von Hohenhameln gekommen sein. Das berichtet 1379 Pfarrer Hildebrand zu Harber. Weil eine Urkunde oder ein ausführlicher Bericht fehlen, bleibt der Grund für die Trennung unbekannt. Die heutige evangelische Pfarrkirche wurde 1875 als neugotischer Backsteinbau vollendet. Die Grundmauern des Kirchturms stammen vermutlich aus dem 13. Jahrhundert.

Am 1. März 1974 wurde die Gemeinde Harber aus dem Kreis Burgdorf zu Hohenhameln im Landkreis Peine zugeschlagen.

Krieg 90
Harber

Mehrum

Weithin sichtbar ist das Kraftwerk Mehrum, die Stromerzeugungsanlagen für die Braunschweigische Versorgungs AG, die Stadtwerke Hannover und die Preussen Elektra AG. Das Dorf Mehrum liegt 10 km westlich von Peine am Mittellandkanal. Einst eine kleine Straßensiedlung, die sich längst zu einer großen Haufensiedlung gewandelt hat. Die älteste urkundliche Namensform stammt aus den Jahren 1262 und 1356: Merem. Begütert waren in Mehrum die Klöster Loccum und St. Michael in Hildesheim. Das Patronatsrecht über die Kirche lag in den Händen des Bischofs. Mehrum gehörte zum Bann Hildesheim. Im 17. Jahrhundert besaßen die von Hammerstein/Equord einen großen Hof in Mehrum, der um die Jahrhundertwende veräußert und parzelliert worden ist. In der Gemeinde sind noch viele Bauernhäuser erhalten. Mehrum ist flächenmäßig mit etwa 1860 Hektar die größte Gemeinde des Landkreises und übertrifft selbst die Stadt Peine.

Im Mittelalter kam es oft zu Machtkämpfen um Besitz und Vorherrschaft über Siedlungen und Dörfer. Nach ihrer Zerstörung wurden diese aufgegeben und verlassen. Zahlreiche Fehden zwischen dem Bistum Hildesheim und dem Landadel sowie den Welfenherzögen führten dazu, daß sich in Mehrum die Einwohner aus „wüst gewordenen" Dörfern ansiedelten.

Bei Ausgrabungen in den Jahren 1959/60 fand man bei Mehrum die Reste einer Vase aus der römischen Kaiserzeit. Sie ziert nun das Mehrumer Wappen, rot im goldenen Feld auf einem grünen Hügel, der von einem silbernen Wellenbalken durchzogen wird. Mit ihm wird auf die Ortslage am Mittellandkanal hingewiesen. Der hildesheimische Regierungspräsident genehmigte das Wappen am 27. Mai 1960.

Die evangelische Pfarrkirche, ein einschiffiger Bruchsteinbau, stammt von 1770. Im Westturm der Kirche hängen zwei Glocken, die 1524 gegossen wurden. Es könnte auch das Baujahr des spätgotischen Turmes sein. Das Gotteshaus befindet sich auf dem alten, eingeebneten Friedhof.

Das eingangs schon erwähnte Kraftwerk wurde 1964 gebaut. Die Inbetriebnahme der ersten 100-MW-Anlage erfolgte bereits im Sommer 1965. Die Anlage war auf Grund der damaligen Brennstoffkostensituation für die Verfeuerung von schwerem Heizöl ausgelegt. Es handelt sich dabei um eine reine Kondensations-Kraftwerkanlage. Im Jahre 1967 wurde der Kessel für die halbe Feuerungsleistung auch zum Einsatz von Erdgas umgerüstet.

Im Jahre 1966 wurde mit dem Bau eines zweiten MW-Blocks auf Erdgas-Basis begonnen. Dieser Block wurde im Herbst 1969 in Betrieb genommen. 1979 wurde ein 700-MW-Kohleblock nach einer Bauzeit von vier Jahren in Betrieb genommen. Dieser Block ist mit allen umweltschützenden Anlagen, die heute Stand der Technik sind, ausgerüstet. Die Entschwefelung der Rauchgase wurde in zwei Stufen – 1982 und 1984 – in Betrieb genommen.

Ohlum

Ohlum, südwestlich von Peine gelegen, wurde urkundlich im Jahre 1022 erstmals als Alem erwähnt. Im 13. Jahrhundert schrieb man Olem und Olum. Das Dorf liegt abseits der Straße Hildesheim-Peine an der Nordseite eines fruchtbaren Höhenrückens. Es ist noch immer ein hübsches Bauerndorf, dessen Balkeninschriften von vergangenen Zeiten erzählen. Die Heimatforscher Arthur Rühmann und Hans Dobbertin haben 1962 eine Dorfchronik herausgegeben, in der auch mehrere alte Höfe beschrieben werden.

Über das Geschlecht, das sich nach dem Ort nannte, ist nicht viel bekannt. 1158 bestätigte Bischof Bruno von Hildesheim, daß sein Domkapitel von Friedrich von Ohlum einige Hufen Land zu Sauingen gekauft hat. Der Edelhof von Friedrich, der mit dem Grafen Friedrich I. von Poppenburg identisch sein soll, lag neben der alten Dorfkapelle. Politisch gehörte der Ort bis zur Säkularisation Anfang des vorigen Jahrhunderts zum Bistum Hildesheim.

Zwei Pappeln zieren das alte Wappen von Ohlum. Solche Pappelpaare findet man häufig in der Feldmark. Dieses Wappen wurde am 16. Oktober 1951 vom niedersächsischen Innenminister genehmigt. Es zeigt in Gold zwei mit den Wurzeln verschlungene Spitzpappeln. Die Farben Rot/Gold erinnern an die jahrhundertelange Zugehörigkeit des Ortes zum Fürstbistum Hildesheim.

Nach 15 Jahren war man mit dem Wappen nicht mehr zufrieden. Ein neues wurde entworfen. Am 20. Juli 1965 beschloß der Rat dieses Wappen, das am 1. September auch genehmigt wurde. Dieses neue Wappen zeigt in einem goldenen Schildhaupt drei rote Eisenhüte. Die Eisenhüte sollen das Andenken der Depenauer Grafen wachhalten, die bis ins 13. Jahrhundert Gerichtsherren der Vogtei Hohenhameln waren. Aus dem Schildfuß wächst ein Bischofsstab. Mit zwei nach unten gerichteten Sensenblättern wird auf die Landwirtschaft verwiesen. Der Krummstab erinnert an die bischöfliche Landesherrschaft sowie an die Besitzrechte mehrerer hildesheimischer geistlicher Körperschaften in Ohlum.

Der Glockenturm an der Südseite des Schulgebäudes ist aus Fachwerk. Oberhalb der Hauswand sind gegen ihn beiderseits die geschweiften Giebelstücke eines barocken Dacherkers geführt. Nach der Schulchronik von 1922 gehörte der Turm zu dem ehemaligen vor 1792 gebauten Schulhaus, an dessen Nordseite er angebaut war. Die Glocke von 60 cm Durchmesser stammt von dem Glockengießer C. A. Becker aus Hildesheim. Sie wurde 1792 gegossen. Älteren Aufzeichnungen nach besteht seit 1717 eine Schule in Ohlum. Sie befand sich zunächst in einem alten Gebäude, das einst die Kapelle gewesen sein soll. 1839 wurde eine neue Schule gebaut, 1851 erfolgte der Umbau. Im Jahre 1964 gründete Ohlum gemeinsam mit Rötzum und weiteren fünf Gemeinden den Schulzweckverband Hohenhameln.

Ohlum.

Rötzum

Das Amt Peine, „das größte und beste im Hochstift Hildesheim", gliederte sich im ausgehenden Mittelalter in drei Vogteien. Zur „Hämelschen Vogtei" gehörten die Dörfer Hohenhameln, Soßmar, Clauen, Bründeln, Ohlum, Beckum und Rötzum. Aus einer Urkunde über die Erwerbung der Vogteirechte durch Bischof Konrad II. im Jahre 1226 geht hervor, daß Hohenhameln der alte Mittelpunkt eines großen Bezirks war, zu dem auch Rötzum gehörte.

Die Endsilbe -um bedeutete früher -heim und wurde in der Umgangssprache verkürzt. Das Dorf liegt an der Grenze zu den fruchtbaren Lößflächen, die bis in die Moränenlandschaft des nördlichen Kreisgebietes reichen. Die von Süden nach Norden verfolgbare Abdachung wird durch die Flußrichtung der beiden Flußsysteme der Fuhse und Erse und ihrer Zubringer mit den oft breiten Talauen sichtbar. Es sind alte Schmelzwasserrinnen, deren Abflußrichtung, wie die aller Wasserläufe, morphologisch schon seit alters her vorgezeichnet ist. Derselben Nord-Süd-Richtung folgen die alten Straßenzüge, so die Heer- und Handelsstraße von Braunschweig nach Celle und weiter nach Norden, die am Ostrand des Kreises verläuft, die Straße von Gadenstedt – Groß Ilsede – Peine – Eltze zum Kreuzkrug, wo der Anschluß an die Straße Hannover – Gifhorn – Salzwedel erreicht wird.

Rötzum ist wegen seiner etwas verkehrsabgelegenen Lage auch in jüngster Zeit kaum gewachsen. Es kann hier noch von ursprünglichen Verhältnissen gesprochen werden. Das wird noch unterstrichen durch die Feststellung, daß sich das heutige Dorfbild nur unwesentlich von dem Zustand vor knapp 150 Jahren unterscheidet.

Die Verkoppelungskarte von Rötzum aus dem Jahre 1852 ist ein Musterbeispiel für das Aussehen einer Dorfflur, in der nach dem System der Dreifelderwirtschaft gearbeitet wurde. Das „Ohe Feld", das „Hell Feld" und das „Große Teichsfeld" bilden die drei „Felder". Auf ihnen wurde im jährlichen Turnus Winter- oder Sommergetreide angebaut. Ein Feld lag brach oder wurde als Sommerweide genutzt.

Das Wappen von Rötzum erinnert an die früher hier betriebene Schafzucht. Im Braunschweigischen Wappenbuch wird das Ortswappen beschrieben: Auf blauem Feld erkennt man einen silbernen Widderschädel über zwei aus dem Schildfuß kommenden Schäferschippen. Mit diesen Werkzeugen gruben die Schäfer Erde aus und warfen sie in Richtung aus der Herde ausbrechender Schafe, um die Hunde darauf aufmerksam zu machen. Mit den an den Schippen angebrachten Haken zogen die Schäfer die Tiere, die sie untersuchen wollten, an den Läufen zu sich heran. Das Wappen von Rötzum, seit dem 1. März 1974 ein Ortsteil von Hohenhameln, wurde am 10. November 1961 beschlossen.

Rötzum
Rötzum.
Krieg.

Soßmar

Die Siedlung Soßmar entstand längs einer Straßengabelung. Der Ort gehörte Jahrhunderte hindurch zum Fürstbistum Hildesheim, bis zu dessen Auflösung im Jahre 1803. Das nahegelegene Hohenhameln war für die Bewohner von Soßmar lange Zeit Gerichtsort und die Stätte, wo sich die freien Bauern versammelten, um die Angelegenheiten der „Kleinen Grafschaft vor dem Nordwalde" zu regeln.

Die Historiker meinen, daß das vom Kloster Corvey 826 und 853 erworbene Gut „Sursia" identisch mit Soßmar sei. Aber es fehlen exakte Belege. Gesichert hingegen ist die Namensform Sutherem inxta Hamele (1146). Noch im 13. Jahrhundert bleibt dieser Name erhalten. Im 14. Jahrhundert kommen Namensformen vor, die dem heutigen Namen nahe kommen: Socerum, Sothzerem, Sosmer. Das Godehards-, Maria Magdalenen- und Michaelis-Kloster in Hildesheim sowie das Cyriakus-Stift in Braunschweig waren in Soßmar begütert. In einer Urkunde vom Jahre 1328 ist zum erstenmal das Vorhandensein der Kirche im Ort bezeugt. Es ist darin von einem Hof gegenüber der Kirche die Rede. In der älteren anläßlich des Neubaus der Kirche 1767 angelegten Pfarrchronik findet sich folgende Notiz: „Nach der Inschrift, die man unter dem Boden der alten Kirche in lateinischer Mönchsschrift verfaßet hat, laß, muß man urtheilen: die Capelle sey im Jahre 1214 erbauet."

Die heutige Pfarrkirche ist ein barocker Bruchsteinbau mit gotischem Westturm aus der 1. Hälfte des 14. Jahrhunderts. Das Glockengeschoß ist möglicherweise im 15. Jahrhundert erneuert worden. Das Gotteshaus befindet sich auf dem Friedhof zwischen den beiden Hauptstraßen des Dorfes. Der Friedhof war früher mit einer lebenden Hecke eingefaßt. Der Turm ist auf quadratischem Grundriß aufgeführt. Das Mauerwerk besteht aus grob behauenen Sandsteinblöcken.

Der heilige Georg, Schutzpatron der Soßmarer Kirche, reitet auf dem Gemeindewappen gewaffnet einher und ersticht den „bösen" Lindwurm. Alle Figuren stehen silbern auf rotem Grund. So beschloß der Rat der damaligen Gemeinde das Wappen am 14. Dezember 1960, und der hildesheimische Regierungspräsident genehmigte es am 10. Februar 1961. Seit dem 1. März 1974 gehört Soßmar zu Hohenhameln.

Den Soßmarer Bauern sagt man nach, daß sie sehr trinkfest seien. Den Beweis für diese Behauptung erbringt eine Geschichte, die der hildesheimer Geistliche Johann Oldenkopp überliefert hat. Dabei ging es um ein Wettrinken auf der bischöflichen Burg Steuerwald. Bauer Hantelmann aus Soßmar gewann dieses Spiel, nachdem er mehr als einen Himpten Bier ausgetrunken hatte. Ein Himpten sind 31,15 Liter! Beim Weggang meinte er, man würde hier noch verdursten.

Soßmar

Stedum

Stedum in seiner gegenwärtigen Form gibt es seit dem 1. Juli 1964. Die Gemeinderäte von Stedum und Berkum hatten beschlossen, daß sich beide Gemeinden zu einer neuen politischen Gemeinde mit dem Namen Stedum vereinigen wollten. Der niedersächsische Landtag stimmte zu. Seit dem 1. März 1974 gehören beide zu Hohenhameln.

Die älteste Namensform von Stedum finden wir in einer undatierten Urkunde vom Ende des 12. Jahrhunderts: Stidem. 1235 schrieb man Stedeiem und bald danach Stedem. Von dem Geschlecht, das sich nach dem Ort nannte, ist zuerst 1196/97 ein Friedericus de Stidem erwähnt, ein Ministeriale des Michaelisklosters in Hildesheim. 1253 begegnet uns ein Eitzo aus dem gleichen Geschlecht. Stedum ist vermutlich dadurch entstanden, daß sich ein Adliger auf einem Haupthof festsetzte. Unter seinen Schutz stellten sich Siedler. So entstand ein Dorf.

Die Welfen hatten schon sehr früh Ländereien in Stedum, aber den größten Besitz hatte der Bischof von Hildesheim. 1317 verpfändete Bischof Heinrich an Conrad von Meinersen mehrere Hufen Land. Aber auch das Kloster Wienhausen war in Stedum begütert. 1321 ist das Dorf in einem Güterverzeichnis des Abtes Heinrich erwähnt.

Einen reizvollen Eindruck macht im Äußeren die kleine Kapelle, deren in Bruchstein errichteten Ost- und Westseite aus dem 15. Jahrhundert stammen. Der mittlere Teil wurde im 17. Jahrhundert erneuert. Das Innere wirkt durch das Ensemble bäuerlich-derber kunsthandwerklicher Arbeit des 17. Jahrhunderts. Die Bretterdecke ruht auf schweren Balken. Der Altaraufsatz aus der ersten Hälfte des 17. oder 18. Jahrhunderts mit reicher Beschlagwerksrahmung sowie die aus der ersten Hälfte des 17. Jahrhunderts stammende Kanzel geben dem kleinen Gotteshaus eine besondere Atmosphäre. Die Kanzel an der Südwand ist aus Eichen- und Tannenholz, ein achteckiger Korb mit fünf Wandungsseiten. In der Sockelzone befindet sich unter Christus das Lamm, unter den Evangelisten die Symboltiere. Nur bei Matthäus, dessen Sockelzone durch den Sakristeiverschlag halb verdeckt wird, ist ein Engel in das Hauptfeld aufgenommen. Die Stützpfeiler sind säulenförmig, der Schalldeckel hat eine flache, rippenbesetzte Kuppel. Auch das Gestühl, die Emporen und das Lesepult stammen aus dieser Zeit.

Im geteilten Wappen von Stedum läuft oben in der goldenen Hälfte ein roter Wolf. Unten sind in Rot eine silberne Sense und ein gleichfarbener Dreschflegel, beide mit goldenen Stielen, schräg gekreuzt, gezeichnet. Der Wolf, der auch in den Wappen von Stadt und Kreis Peine fortlebt, erinnert an die Zugehörigkeit Stedums zum alten Amt Peine. Die bäuerlichen Geräte verweisen auf die Landwirtschaft. Die Farben des Schildes sind die des Fürstbistums Hildesheim, zu dem der Ort jahrhundertelang gehörte.

Krieg
95

Groß Ilsede

Südlich von Peine liegt Groß Ilsede. Die erste Erwähnung des Ortes findet sich in einer Urkunde Kaiser Heinrichs III. aus dem Jahre 1053. Mit diesem Dokument übergab der Kaiser „den ganzen früheren Besitz des geächteten Tiemo" in den Dörfern Garmissen, Ilsede, Dungelbeck und Südbolzum der Kirche zu Hildesheim. Doch Anzeichen von menschlichen Siedlungen auf der Feldmark von Groß Ilsede gehen bis 700 vor Christi zurück. Fruchtbare Lösböden führten schon in früherer Zeit zu einer gewissen Siedlungsdichte in diesem Gebiet.

Von dem Geschlecht, das sich nach dem Ort nannte, werden in Urkunden 1181 Tidericus de Ilsethe, 1189 Eilardus de Ilsethe und 1216 Conradus de Ilsethe aufgeführt. Das Geschlecht läßt sich bis ins 14. Jahrhundert nachweisen.

Groß Ilsede gehörte zu den fünf Junkerdörfern Equord, Gadenstedt, Groß Ilsede, Klein Ilsede und Oberg. Es unterstand also in der niederen Gerichtsbarkeit nicht dem Amtmann Peine, sondern den Herren von Ilsede und nach deren Aussterben 1299 den Herren von Gadenstedt. Die Oberhoheit bezog sich auch auf Hand- und Spanndienste sowie auf verschiedene Zehnte, Abgaben und Privilegien.

Die Besetzung der Pfarre stand dem Bischof von Hildesheim zu. Im 18. Jahrhundert war nach Lauensteins Patronatsverzeichnis der Ort nach Gadenstedt eingepfarrt und die Herren von Gadenstedt waren die Patrone.

Für eine genaue Datierung der evangelischen Pfarrkirche in Groß Ilsede fehlen uns die Unterlagen. Sie wurde ehemals dem hl. Nikolaus geweiht. Die schmale einschiffige Kirche mit breiterem, modernen Westteil besitzt einen symmetrisch liegenden Westturm. Die alte Osthälfte umfaßt den 1625 gebauten Chorteil aus Fachwerk. Die beiden anschließenden sind massiv aus Bruchstein aufgeführt. Sie sind vermutlich älter als der Chor, da das mit ihm zusammengehörende Dach auch über sie herübergezogen ist. Die Fenster sind anscheinend gleichzeitig mit dem Chorbau erneuert worden. In den beiden Ostteilen ist noch fast vollständig die kleine ehemalige Kirche erhalten. Die Westteile sind 1895 angebaut worden.

Die katholische Kirche ist dem hl. Bernward geweiht. Der einschiffige Backsteinbau wurde 1882 gebaut. Die Ausstattung stammt aus dieser Zeit, einige ältere Stücke sind aus den anderen katholischen Kirchen der Diözese Hildesheim gestiftet worden. Im Jahre 1962 entstand an der Hauptdurchgangsstraße eine zweite Kirche für die katholische Gemeinde.

Das Bild der Ortschaft wurde schon Ende des vorigen Jahrhunderts beherrscht von den großen Anlagen der „Ilseder Hütte". In den Gemarkungen von Groß Ilsede und den umliegenden Dörfern wurden vorhandene Eisenerzlager abgebaut. Erzlager gab es unter den Dörfern Bülten, Groß

Ilsede.

Bülten, Ölsburg – hier waren auch große Salzvorkommen – und Adenstedt. In der „Ilseder Hütte", die 1858 gegründet wurde, sollten die Erze verhüttet werden. Im Jahre 1860 wurde mit dem ersten Hochofen die Roheisenproduktion aufgenommen. Einige Monate zuvor war die Erzförderung der Grube Bülten-Adenstedt angelaufen. Das erzeugte Roheisen wurde hauptsächlich an Walzwerke in Westfalen geliefert. 1872 übernahm schließlich das Peiner Walzwerk die Weiterverarbeitung. Die alte Ortschaft, das einstige Bauerndorf, liegt nördlich des Werkes. Ursprünglich ein Haufendorf, hat sich in den 30er Jahren unseres Jahrhunderts der Ort längs der Straße nach Peine stark ausgedehnt. Die umfangreichen Siedlungen für die Arbeiter und Angestellten der Hütte wurden in Ölsburg gebaut.

Im Jahre 1970 erfolgte die Fusion der Salzgitterwerke mit der Ilseder Hütte zu Stahlwerke Peine-Salzgitter. Wenige Jahre später, 1976, wurde die letzte Schachtanlage des Erzbergbaus in Bülten geschlossen. Rauchende Schlote, dampfende Kühltürme, rotglühende Feuer, Rattern der Werksbahnen: Das Hochofenwerk der Ilseder Hütte bestimmte einst das Bild von Groß Ilsede und seiner Umgebung. Seit 1983 sind die Hochöfen in Groß Ilsede erkaltet. Damit sind mehr als 3000 Arbeitsplätze, die es hier einstmals gab, verschwunden.

Durch die „Ilseder Hütte" ist der Ort weit über die engere Heimat hinaus bekannt geworden. In das neue Ortswappen wurden die Berghämmer übernommen und in der unteren mit Zinnen versehenen Wappenhälfte auf einer roten Pflugschar, einem Symbol der Landwirtschaft, abgebildet. Oben schreitet in Rot ein goldener Löwe. Mit den Farben Rot/Gold wird auf das Fürstbistum Hildesheim verwiesen, das bis 1802 als Territorialmacht die Vorherrschaft behielt. Der welfische Löwe erinnert daran, daß Ilsede im herzoglich-welfischen und bischöflich-hildesheimischen Grenzgebiet lag. Der Rat der Gemeinde Ilsede beschloß am 15. Juli 1971, dieses Wappen künftig zu führen. Der Regierungspräsident genehmigte es am 21. September des gleichen Jahres.

Die Gebietsreform von 1970 faßte die Ortschaften Bülten, Groß Bülten, Groß Ilsede, Klein Ilsede, Ölsburg und Solschen zu der Gemeinde Ilsede zusammen. Der Strukturwandel in der Region bot auch eine Chance zur Neugestaltung. Heute präsentiert sich die Gemeinde Ilsede, die mit etwa 12.000 Einwohnern auf rund 28 qkm die größte Bevölkerungsdichte von allen Gemeinden des Landkreises Peine aufweist, an vielen Stellen mit einem neuen Gesicht. Handel und Dienstleistungen, Industrie und Handwerk gehören zu den Arbeitgebern von heute. Schulen, einschließlich Gymnasium, Freisportanlagen, das Freibad „Am Bolzberg" gemeinsam mit der Gemeinde Lahstedt, Jugendzentrum, Sozialstation und vieles mehr machen Ilsede als Wohngemeinde attraktiv. Nicht zuletzt setzt die Gemeinde aber auch auf die weitere Ansiedlung von mittelständischem Gewerbe.

Bülten

Das inzwischen zu Ilsede gehörende Dorf liegt gut 5 km südwestlich von Peine. Seit Mai 1966 heißt der Ort Klein Bülten nur noch Bülten. Das Dorf an der Fuhse ist keineswegs ein „Ableger" von Groß Bülten, sondern hat seine eigene Geschichte. Funde vieler zu Pfeilspitzen und Schneidwerkzeugen bearbeiteter Feuersteine beweisen, daß schon in der Steinzeit am Fuhseufer Menschen gelebt haben.

In den Lehnsbüchern der Herzöge von Braunschweig-Lüneburg aus dem 14. Jahrhundert finden wir frühe Erwähnungen: 1318 in minori Bulten, Klein Bülten, 1344 bis 1365 in minori Bulthem, 1380 villa Bulthem parva, und ab 1383 schließlich lutken Bulten. Die Urkunde von 1818 gibt Auskunft darüber, daß die Ritter Herwig aus Netze, Vater und Sohn, fünf Hufen Land in Groß- und Klein Bülten besaßen. Überliefert ist auch, daß Klein Bülten aus einem einzigen Hof hervorgegangen ist, dem „großen Hof" an der Ostseite des Dorfes. Es gehörten ohne Gärten, Wiesen und Wald 170 Morgen zinspflichtiges Meierland dazu sowie ein durch Heirat hinzugekommener kleiner Hof von etwa 34 Morgen.

Die Gemeinde lebte einst vom Ackerbau, später dann, wie nahezu alle Gemeinden im Umkreis, vom Bergbau, der vielen Einwohnern Arbeit gab.

Kurz vor der Jahrhundertwende wurden die Bergbaubetriebe von der „Ilseder Hütte" ausgebaut, es kamen Bergleute aus dem Harz und aus Hessen in diese Gegend. Im Jahre 1910 wurde mit dem Bau des nahen „Gerhard-Schachtes" begonnen. 1940 kam die Schachtanlage „Emilie" hinzu. Zu dieser Zeit änderte sich das Dorfbild zusehends. Ein Teil der Gemarkung wurde in den Jahren 1939 bis 1941 aufgesiedelt.

Länger als ein Jahrhundert haben der Erzbergbau und das anschließende Schmelzen des Roherzes zu Roheisen diesen Landstrich geprägt. Als man am 31. März 1976 den Schacht „Emilie" schloß, gingen 118 Jahre Erzbergbau zu Ende. Statistischen Angaben zufolge hatte man hier 60 Millionen Tonnen Erz gefördert. Durch die Gebietsreform wurden beide Gemeinden Bülten seit dem 1. Februar 1971 Ortsteile von Ilsede. Zur Erinnerung an den Bergbau hat man Symbolen einen besonderen Platz in ihrem Wappen eingeräumt. Klein Bülten führt im silbernen Schild auf schwarzem Boden mit eckigem Hügel, der mit den goldenen Berghämmern belegt ist, einen schwarzen Förderturm, der von zwei grünen Tannen eingerahmt wird.

Die kleine evangelische Kapelle, ein Bruchsteinbau, stammt vermutlich aus dem Ende des 17. Jahrhunderts, im Kern ist sie möglicherweise noch mittelalterlich. Der Westgiebel ist in Fachwerk gebaut. Ebenso der darüber aufgeführte quadratische Dachreiter aus dem 18./19. Jahrhundert mit unverputzten Backsteingefachen. An der Nahtstelle zwischen Altdorf und Siedlung wurde die Markuskirche gebaut und am 23. Dezember 1956 eingeweiht.

Bülten.

Groß Bülten

Groß Bülten war ursprünglich ein Straßendorf, das sich später haufenförmig erweitert hat. Heute ist der Ort vorwiegend eine Wohngemeinde mit mehr als 2000 Einwohnern im Industriebezirk des Südkreises Peine. Das Dorf hat eine lange Geschichte. Man vermutet, daß es sich um eine fränkische Siedlung handelt, die um 782 durch Karl den Großen angelegt wurde. Damals erfolgte die Christianisierung des Fuhsetales. Das Dorf hieß früher Bultheim. Wenig später nahm Kaiser Lothar das Kloster Riechenberg bei Goslar in seinen Schutz und bestätigte 1131 urkundlich, daß aller Grundbesitz dem Kloster zu belassen sei, wobei auch Land in Groß Bülten aufgezählt wurde.

Im Dreißigjährigen Krieg wurde Groß Bülten arg in Mitleidenschaft gezogen. Um 1620 wurde das Dorf gebrandschatzt. Die Soldaten nahmen mit, was sie tragen konnten.

Der große Strukturwandel in Bülten kam mit der Gründung der „Ilseder Hütte". Die „Bültener Erze" wurden zunächst im Tagebau gewonnen, und zwar beiderseits von Groß Bülten. Diese Tagebaue wurden nach ihrer Erschöpfung verstürzt und wieder der landwirtschaftlichen Nutzung zugeführt.

Das Groß Bültener Wappen zeigt in Gold einen roten Lebensbaum in Hausmarkenform, belegt mit rot gestielten, schwarzen Berghämmern. Als Vorlage für den Lebensbaum, ein uraltes Volkskundemotiv, diente die Hausmarke vom Türholm des Hauses Nr. 10 aus dem Jahre 1757. Sie wurde im Kelch noch durch zwei Bogen ergänzt, die Hügel andeuten. Mit Bülten bezeichnet man im Niederdeutschen einen Hügel. Die Farben Rot/Gold erinnern an die jahrhundertelange territoriale Zugehörigkeit zum Fürstbistum Hildesheim.

Die Bockwindmühle in Groß Bülten gibt es nicht mehr. Sie wurde vermutlich schon im Jahre 1531 erbaut und stand an der äußersten Westgrenze des Gemeindebezirks an der Straße nach Groß Solschen. In den Hildesheimer Domstiftsakten wird sie 1531 erwähnt. Die spätere Form bekam sie 1798. Um 1960 ist bei einem Wintergewitter der Blitz in das Flügelwerk eingeschlagen und hat sie in Brand gesetzt. Danach verkam sie und wurde abgerissen.

Die evangelische Pfarrkirche ist eine einschiffige, neuromanische Bruchsteinkirche, die im Jahre 1904 auf dem eingeebneten Friedhof im Südteil des Dorfes an Stelle einer alten Kapelle entstand. Die ehemalige Kapelle stammte nach den vor dem Abbruch gemachten Aufnahmen und der gleichzeitigen Beschreibung von Professor Siebern aus der ersten Hälfte des 13. Jahrhunderts. Sie bestand aus einem rechteckigen Schiff mit niedrigem, eingezogenem, annähernd quadratischem Chor und einem quadratischen Westturm.

Groß Bülten.

Krieg 96.

Groß Solschen

Südlich von Peine hat sich das ehemalige Haufendorf Groß Solschen gewaltig erweitert. Die ältesten urkundlichen Namensformen des Ortes sind um 1161 Solezgen, Solesze, später dann Soleschen. Ab dem 13. Jahrhundert wurde zwischen Groß- und Klein Solschen unterschieden. So heißt es zum Beispiel 1226 „in maiori Solescen", 1243 „ante fores ecclesie in maiori Solzeke". Groß Solschen war Sitz eines Archidiakonats. Wahrscheinlich bezieht sich auf die Kirche schon eine Urkunde Bischof Aldalogs von 1185 über die Befreiung des neuerbauten Gotteshauses in Schwicheldt von der Mutterkirche. Diese Regelung geschah „unter Zustimmung unseres Bruders Herbord, der damals Archidiacon war", heißt es. Als Archidiakone werden genannt: 1226 und 1227 Heinrich von Tossem, 1240 Heinrich, Domküster in Hildesheim, 1255 Gerold, Domdechant, 1260 Heinrich von Drieburg, Domherr, 1288 Bruno, Domkantor. Bis in die Neuzeit sind die Domdechanten im Besitz der Archidiakonatsgüter gewesen. Das Vogteirecht über die Güter und die Kirche hatten ursprünglich die Grafen von Wohldenberg. Nach deren Verzicht im Jahre 1227 übertrug es Bischof Konrad von Hildesheim dem Archidiakon des Ortes. Der erste in Groß Solschen erwähnte Priester war 1215 Eckehard. Eine vom Pfarrer im Jahre 1319 ausgestellte Urkunde ist noch im Original erhalten. Sie befindet sich im Stadtarchiv von Hildesheim. Nach der Reformation wurde das Archidiakonat in Groß Solschen in eine Superintendentur umgewandelt.

Die mittelalterliche Kirche war dem hl. Pankratius geweiht. Die spätklassizistische dreischiffige Emporenkirche mit Querhausanlage und Turm im Westen wurde 1828 bis 1832 nach Plänen und unter der Leitung des Konsistorialbaumeisters Hellner aus Hannover gebaut. Die dreiseitig umlaufenden Emporen sind auf die ausgezeichnet gestaltete Altarwand ausgerichtet. Der Raum wird überwölbt von einem großen hölzernen Tonnengewölbe. Die Kirche liegt inmitten des Dorfes auf dem erhöhten, eingeebneten Friedhof, der gegen die Straße durch eine Stützmauer abgegrenzt ist. Der Turm bildet den Blickpunkt der von Adenstedt aus geradlinig auf das Dorf zuführenden Landstraße.

Am 1. Januar 1964 ist aus dem Zusammenschluß der Dörfer Groß- und Klein Solschen der Ort Solschen entstanden. Seit dem 1. Februar 1971 wurde Solschen ein Teil der Gemeinde Ilsede. Das Wappen Groß Solschens führt der Ort aber weiter. Dieses war im Sommer 1951 vom Gemeinderat beschlossen und am 24. September des gleichen Jahres genehmigt worden. Es zeigt in Rot ein goldenes sechsspeichiges Jahresrad mit schwarzer Nabe und einem roten Zackenkranz auf der Ringfelge, darüber einen dreiblättrigen goldenen Eichenbruch. Das Jahresrad ist ein beliebtes Motiv bäuerlicher Volkskunst und versinnbildlicht den Lauf der Zeit, die Gemeinschaft der Dorfbewohner und deren Wunsch nach Leben und Gedeihen.

Groß Solschen

Klein Ilsede

In Klein Ilsede zeigt sich besonders, daß die Dorfgemeinschaft ihre Interessen wirkungsvoll vertreten kann. Als die zum Dorf gehörende Feldmark durch eine neue Straße durchschnitten werden sollte, wehrten sich die Einwohner erfolgreich dagegen, „ihre Heide" zerstören zu lassen. Heute gehört die Landschaft um das Dorf – gemeinsam mit den Infrastruktureinrichtungen – zu den schönen Seiten Klein Ilsedes.

Die ehemalige Straßensiedlung Klein Ilsede liegt nur 3 km südlich von Peine. Der Name Ilsede wird in einer Urkunde aus dem Jahre 1053 Ilioede geschrieben. Schon vor der Mitte des 14. Jahrhunderts wird zuerst Klein Ilsede urkundlich genannt. 1321 und um 1345 to luttichen Ylsede, später in minori Ylsede und 1360 Lutteken Ilsede. Nach einem Aufsatz im Hildesheimer Sonntagsblatt von 1837 soll die Familie von Ilsede einen Burgsitz gehabt haben, der mit den dazugehörenden Rechten und Ländereien auf die Familie von Schwicheldt übergegangen ist. Im Jahre 1360 erhielten Heinrich und Hans von Schwicheldt im Austausch gegen Besitzungen in Schwicheldt und anderswo unter anderem zwölf Hufen Land und den halben Zehnten in Klein Ilsede von Bischof Heinrich von Hildesheim zu Lehen. Das Dorf soll ursprünglich nach Schmedenstedt eingepfarrt gewesen sein, eine Überlieferung, die dadurch gestützt wird, daß ein schon 1837 nicht mehr gangbarer, aber noch erkennbarer Weg als sogenannter Schmedenstedter Kirchweg in gerader Richtung auf die Kirche in Klein Schmedenstedt zuführte. Die Kirche in Klein Ilsede soll zunächst als Hauskapelle für das Gut gebaut worden sein. Die Gutsherrschaft, derer von Schwicheldt, besaß das Patronatsrecht schon 1463.

Die Kirche in Klein Ilsede ist etwa 650 Jahre alt. Sie ist der Mittelpunkt des hübschen Dorfes. Vermutlich ist sie dem hl. Urban geweiht. Der kapellenartige spätgotische Bruchsteinbau wurde um 1600 durch einen polygonalen Fachwerkchor erweitert. Ein Epitaph erinnert an die Söhne Johann und Otto von Schwicheldt, die 23jährig 1577 und 1578 starben. Das Epitaph hat die Form eines mittelalterlichen Flügelaltars. Als Maler wurde ein Schüler Tintoretts beauftragt, Jan Maßen de Voss aus Flandern.

An der Urkunde vom Jahre 1321, die sich im Staatsarchiv Hannover befindet, hängt ein Siegel, das einen aufsteigenden, nach rechts gewandten Wolf zeigt. Die Gemeinde hat ihn in ihr Wappen übernommen, das am 14. Juli 1936 vom hannoverschen Oberpräsidenten genehmigt wurde. Der silberne Ilseder Wolf springt über eine silberne Pflugschar, die daran erinnert, daß die meisten Einwohner Klein Ilsedes damals der Landwirtschaft nachgingen. Bis 1860 bestand das Bauerndorf aus nur 59 Häusern. In den folgenden Jahren wurden überall Stallungen gebaut, weil das Austreiben des Viehs auf die gemeinsame Weide nach der Verkoppelung aufgehört hatte.

Klein Ilsede

Klein Solschen

Südwestlich von Peine, gut 8 km von dort entfernt, liegt Klein Solschen. Diese Haufensiedlung gehört heute zur Gemeinde Ilsede. In den Urkunden des 12. und 13. Jahrhunderts findet man viele Namensformen. 1226 beispielsweise ad parvem Soloscen, 1243 bis 1246 de minori Solzeke, später auch Zolzehei und Dalzeke. In einer undatierten Urkunde, die vermutlich aus dem Ende des 13. Jahrhunderts stammt, heißt es in minori Solschen. Seit dem 13. Jahrhundert werden Klein und Groß Solschen unterschieden. Das Kreuzstift und das Moritzstift in Hildesheim, aber auch das Kloster Riddagshausen bei Braunschweig hatten in Klein Solschen Besitzungen. Eingepfarrt war der Ort nach Groß Solschen.

Die Hildesheimer Stiftsfehde, der Dreißigjährige Krieg und der Siebenjährige Krieg brachten Not und Elend über Klein Solschen und die Nachbargemeinden. Brandschatzend zogen die Truppen über das Land, nahmen mit, was ihnen gefiel.

Das Wappen ist dem der Nachbargemeinde bewußt ähnlich. Es zeigt das Jahresrad rot mit Zackenrand in Gold und ist umgeben von einem roten Hufeisen. Dieses verweist auf das alte Schmiedehandwerk im Ort und auf die alte Sitte, Hufeisen als Glücksbringer hinter und unter Türschwellen anzubringen. Das Jahresrad wurde übernommen vom Türholm des Bauernhauses Nr. 32 in Groß Solschen aus dem Jahre 1859. Es kann verstanden werden als altes Sonnen- und Heilszeichen, als Zeichen für neues Leben. Es weist auch auf die Industrie hin, in der heute viele Einwohner tätig sind. Der niedersächsische Innenminister genehmigte das Wappen am 29. Mai des Jahres 1952.

Die nebenstehende Zeichnung zeigt das Geburtshaus von Professor Wilhelm Rühmekorff. Das Fachwerkhaus steht am Lahberg 1 und wurde schon vor Jahren unter Denkmalschutz gestellt. Es wurde gegen Ende des 17. Jahrhunderts gebaut. Eine Gedenktafel gibt uns folgende Auskunft: „In diesem Hause wurde Professor Wilhelm Rühmekorff, von 1869 bis 1921 Lehrer an der technischen Lehranstalt in Nienburg am 12. Januar 1844 geboren. Rühmekorff, der über ein halbes Jahrhundert Techniker ausgebildet hat, ist leider in Vergessenheit geraten."

Die früher inmitten des Dorfes befindliche Kapelle war ein rechteckiger Bau, „mit Umfassung von Bruchsteinen, gotischem Steingewölbe und Turm im Westen. An einem Strebpfeiler stand die Jahreszahl 1560". Die Beschreibung ist den „Bau- und Kunstdenkmale der Provinz Hannover" entnommen. Um 1860 war sie gänzlich verfallen und zum Abbruch bestimmt. An Stelle der Kapelle wurde um 1870 der freistehende Backsteinturm errichtet. Die Glocke aus dem alten Gotteshaus hängt in dem Turm. Sie wurde 1843 gegossen.

Klein Solschen.

Ölsburg

Das alte Pfarrdorf Ölsburg gehört seit 1971 zur Gemeinde Ilsede. Auch dieses Dorf verdankt, wie schon der Name andeutet, seine Entstehung einer Burg. Einige Historiker halten sie für die Burg Ala des Grafen Eckbert des Einäugigen. 984 soll sie von den sächsischen Fürsten zerstört worden sein. Kurze Zeit später gehörte Ölsburg dem Grafen Altmann, der zugleich Besitzer von Steterburg war. Da er keine männlichen Erben hinterließ, ordnete er die Umwandlung seiner Besitzungen zu kirchlichen Einrichtungen an. Seine Witwe Hadewig übergab Ölsburg einem Stift weltlicher Chorherren, dem Kaiser Heinrich II. 1003 die Bestätigung erteilte. Das Stift wurde im 12. Jahrhundert aus nicht genau nachvollziehbaren Gründen geteilt, von dem der eine Teil sich zur Regel des Augustiner-Ordens bekannte, der andere ohne Ordensregeln lebte. Die Propstei des geistlichen Stiftes überließ Heinrich der Löwe dem Bistum Hildesheim. Sie fiel aber in der Hildesheimer Stiftsfehde wieder an die Herzöge zurück und bestand bis zur Reformation fort. Die weltliche Propstei blieb immer braunschweigisches Lehen. 1557 wurde es der Familie von Honrode auf Veltheim a. d. Ohe verliehen.

1291 ließ Herzog Heinrich der Wunderliche bei Ölsburg die Veste Löwenthal anlegen, um von dort Einfälle in das Stift Hildesheim zu unternehmen. Zur Abwehr baute Bischof Siegfried II. auf Pfeilschußweite die Papenburg und besetzte sie mit starker Mannschaft. Nach dem Löwenthal schließlich eingenommen war, ließ der Bischof beide Burgen abbrechen. Von der Papenburg sind die Umwallungen noch sichtbar, an der Stelle der Veste Löwenthal wurde die sogenannte „Lauenthaler Mühle" gebaut.

Die Saline in Ölsburg, deren Betrieb am 1. Oktober 1889 eingestellt wurde, erzeugte 1888 beachtliche 733 250 kg Siedesalz.

In dem kleinen Ort Neu Ölsburg, der nach Ölsburg eingepfarrt war, befand sich die fünfklassige Hüttenschule, die auch von den Kindern der in dem benachbarten ehemals preußischem Ort Groß Ilsede wohnenden Beamten und Arbeitern der Ilseder Hütte besucht wurde.

Dieser Ort ist der jüngste des Landkreises. Nachdem die Ilseder Hütte den Ackerhof Nr. 11 in Ölsburg erworben hatte, gründete sie seit 1870 auf diesem Grundstück die Kolonie Neu Ölsburg, die 1873 eine selbständige Gemeinde wurde. Ölsburg zählte durch die 1964 erfolgte Zusammenlegung mit Neu Ölsburg zu den größten Landgemeinden des Kreises.

Das Wappen zeigt in Blau auf silberner Mauer mit blauer Toröffnung und goldenem Fallgitter einen schreitenden Löwen. Ölsburg war früher ein welfischer Stützpunkt gegen die Bischöfe von Hildesheim. Durch Ratsbeschluß vom 19. November 1964 wurde mit Genehmigung des Regierungspräsidenten vom 6. Januar 1965 noch ein silbernes Schildchen mit schwarzen Berghämmern in die Toröffnung gestellt.

Ölsburg.

Lahstedt

Die fünf Orte Adenstedt, Gadenstedt, Groß Lafferde, Münstedt und Oberg schlossen sich im Jahre 1971 im Zuge der Gebietsreform zu einer Samtgemeinde zusammen. Diese Verwaltungseinheit gab sich den Namen Lahstedt. Für sie wurde ein eigenes Wappen eingeführt. Das Lahstedter Wappen wird durch ein goldenes Wellenband im roten Grund schräg geteilt. Es verweist auf die Fuhse, den wichtigsten Wasserlauf im Gemeindegebiet. Der Eichenbruch, drei Blätter mit zwei Eicheln, erinnert mit seinen fünf Teilen an die fünf Orte, die sich zusammenschlossen. Zugleich wird auf den Ortsnamen Bezug genommen. Das mittelhochdeutsche Wort lah bedeutet Wald, Eichenwald. Unten im Wappen befindet sich ein goldenes sechsspeichiges Jahresrad. In der Wappenbegründung wird das Rad als Symbol für Gemeinschaft, Pflege der Überlieferungen, und Wohlergehen der Einwohner der Orte verstanden und gedeutet.

Diese Wappenbilder für Lahstedt sind zum Teil aus den Ortswappen entnommen. Die Farben Rot/Gold sind die des Fürstbistums Hildesheim, zu dem alle fünf Ortschaften der Samtgemeinde Lahstedt jahrhundertelang gehörten. Das Wappen wurde vom Rat am 19. Oktober 1972 beschlossen und am 6. März 1973 vom hildesheimischen Regierungspräsidenten genehmigt.

Genau im Zentrum zwischen Hildesheim/Braunschweig und Peine/Salzgitter gelegen, ist Lahstedt mit seinen Ortsteilen hervorragend an das überörtliche Straßennetz angeschlossen und mit den großen Wirtschaftszentren des südniedersächsischen Raumes verbunden. In der Gemeinde herrscht eine ausgewogene Bevölkerungs- und Wirtschaftsstruktur vor. Die Ortschaften dienen als Wohnstätten für die Beschäftigten der ortsansässigen oder umliegenden gewerblichen Wirtschaft, des Handels und des Handwerks. Die Samtgemeinde ist Betriebsstätte der Preussag-Stahl AG sowie zahlreicher Industrie-, Handels- und Handwerksbetriebe. Charakteristisch ist jedoch auch ein stark landwirtschaftlicher Einschlag.

Adenstedt

Die nebenstehende Zeichnung zeigt eine geschlossene Hofanlage mit seitlich großem Garten in der Mitte des Ortes Adenstedt. Diese Hofstelle ist ein typisches Beispiel dörflicher Baukultur auf dem Hintergrund gewachsenen Wohlstandes. Über einen langen Zeitraum bis heute erkennt man die pflegliche Erhaltung und langsame Erweiterung durch den Neubau nötiger Gebäude zur vollständigen Vierseit-Hofanlage. Das Wohnhaus ist nach städtischen Vorbildern im Jahre 1907 erbaut worden. Es trägt die Inschrift: „Wer Gott vertraut hat wohl gebaut . Heinrich Aselmann . Johanne Aselmann, geb. Borsum".

Adenstedt liegt 9 km südlich von Peine. In den frühesten Urkunden, in denen der Ort erwähnt wird, nämlich 1282, 1284 und 1311, heißt er Adenstede. Im Jahre 1355 war Bertold von Gadenstedt mit einem Sattelhof in Adenstidde belehnt. 1290 löste Bischof Siegfried von Hildesheim die Kapelle von der Mutterkirche in Solschen ab und erhob sie zur Pfarrkirche. Sie war dem hl. Briccius geweiht, der auf dem Kirchensiegel abgebildet ist. Das Patronatsrecht lag in den Händen des Herzogs von Braunschweig-Wolfenbüttel. Schon in dem Verzeichnis der Pfründe, die Herzog Friedrich zu verleihen hatte, gegen Ende des 14. Jahrhunderts, wird die Kirche erwähnt. Sie muß damals zum Banne Schmedenstedt gehört haben.

Die evangelische Pfarrkirche ist ein neugotischer Backsteinbau mit einem Turm im Westen. Sie wurde in den Jahren 1921/22 von Konsistorialbaumeister Mohrmann aus Hannover auf einem Platz im Nordteil des Dorfes erbaut. Die alte, noch weiter nördlich gelegene Kirche war nach Angaben der alten Pfarrakten und der Pfarrchronik 1779 von Baumeister Wend aus Hildesheim gebaut worden. Eine Fotografie von 1898 sowie ein Aquarell von dieser Kirche befinden sich in der Kirchengemeinde. 1916 wurde die Kirche zugleich mit angrenzenden Dorfhäusern abgebrochen, da sich hier unter ihnen Erzlager befanden, die für Kriegszwecke gefördert werden sollten.

Das Adenstedter Wappen zeigt im roten Wappengrund über einem goldenen Hügel einen silbernen, mit Schild und gesenktem Speer bewaffneten Reiter. Das Wappen will eine Brücke schlagen und bis in die graue Vorzeit zurückführen, als die germanischen Altvorderen noch an ihre Götter glaubten. Der Reiter ist kein geringerer als Wotan. Weil eine örtliche Wotanssage hier übermittelt ist, die an die frühchristlichen Hügelgräber im „Adenstedter Lah" anknüpft, wurde der Göttervater als Wappenbild gewählt. Als Vorbild für seine Darstellung diente der Reiterstein von Hornhausen im Kreis Oschersleben.

Adenstedt, seit dem 1. Februar 1971 ein Ortsteil der Gemeinde Lahstedt, führt seit 1951 das damals vom Gemeinderat beschlossene Wappen. Es wurde am 28. Mai 1952 vom niedersächsischen Innenminister genehmigt.

Adenstedt. Krieg.

Gadenstedt

Gadenstedt gehört zu den ältesten Dörfern des Landkreises. Der Historiker Lüntzel hielt das in einem Corveyer Güterverzeichnis des 9. Jahrhunderts erwähnte Guddianstede für identisch mit Gadenstedt. Auch die Nachforschungen des Regierungsrats W. Wohlenberg ergaben, daß Gadenstedt im Schenkungsregister von 824/26 des Klosters erwähnt ist. Daraus geht hervor, daß der Edelhofbesitzer Osdac „Guddianstede" dem Kloster vermacht hat. Es gibt eine Reihe Urkunden, in denen Gadenstedt erwähnt wird. Ein Pfarrer in Goddenstide, leider ohne Namensnennung, wird in einer Urkunde von 1330 erwähnt. Das Patronatsrecht besaß der Bischof von Hildesheim, später sind die Herren von Gadenstedt Patrone der Kirche geworden.

In Gadenstedt findet man eine Reihe recht gut erhaltener Fachwerkhäuser. Zu ihnen zählt auch das zweite Herrenhaus von 1700, das außerhalb des großen Gutes liegt. Das heutige Herrenhaus zeigt die Zeichnung. Ursprünglich waren es zwei Fachwerkhäuser, die 1888 durch einen dreistöckigen Querbau miteinander verbunden wurden.

An alten Türholmen in Gadenstedter Bauernhäusern findet man noch heute Jahresräder. Ein altes Symbol der bäuerlichen Volkskunst ist das Rad mit seinen sechs gelben Speichen. Ein schwarzer senkrechter Balken im goldenen Wappenschild wurde aus dem Wappen der Familie von Gadenstedt übernommen und mit dem Jahresrad belegt. Das Gadenstedter Wappen wurde im Jahre 1951 vom Gemeinderat beschlossen und ein Jahr später genehmigt.

Die Gadenstedter Bockwindmühle ist weit älter als 300 Jahre. Man sagt, sie sei 1668 von dem Gutsherren Baron von Gadenstedt erbaut worden. Um die Mühle, die in einem sehr schlechten Zustand ist, kümmert sich ein Mühlenverein. Eine zweite Mühle, eine Holländerwindmühle, ist vor Jahren zu Wohnzwecken umgebaut worden. Die dritte, eine Wassermühle, lag an der Fuhse.

Die evangelische Pfarrkirche wurde dem hl. Andreas geweiht. Sie ist ein einschiffiger, mehrfach erweiterter Bruchsteinbau. Die Rundbögen der Schallöcher weisen den Turm als Bau der Romanik aus, der um 1200 errichtet sein muß. Ursprünglich war das rechteckige Kirchenschiff gleichbreit wie der Turm. Der Chor war beiderseits eingezogen und möglicherweise mit einer Apsis versehen. Erhalten ist von dieser frühen Anlage nur noch die Südwand des Schiffes, die der Länge der beiden westlichen Achsen der heutigen Südseite entspricht. Das Schiff war früher auch niedriger als heute.

In der Schlacht bei Sievershausen war der Fähnrich Jan von Gadenstedt auf der Seite des Braunschweiger Herzogs gefallen. In seine Fahne gehüllt wurde er in der Gadenstedter Kirche beigesetzt. Ein Epitaph der Brüder Berthold und Jan von Gadenstedt (+1573 und 1553) erinnern daran.

Gadenstedt.
Krieg 95.8

Groß Lafferde

Wenn es heißt, in Lafferde ist Markt, dann strömen die Familien aus allen Nachbargemeinden hierher, um zu schauen, zu kaufen, und Verwandte zu treffen. Über 200 Jahre ist dieser Markt nachweisbar, der alljährlich rund um den Wasserturm abgehalten wird. Das „Jahrmarkts-Privilegium für Groß Lafferde" wurde am 15. Januar 1787 erteilt. Es heißt dort unter anderem: „Wir befehlen und gebieten demnach Unserer Fürstlichen Regierung und den Beamten Unseres Fürstlichen Amts Peine bemeldete Unsere Gemeinde Groß Lafferde by diesem Unserm Landesherrlichen Privilegio gegen alle etwaigen Beeinträchtigungen ausdrücklich zu schützen und zu handhaben, jedoch behalten wir Uns vor, dieses verliehenen Jahrmarkts halber näher nach Zeit und Umständen zu verordnen. Dessen zu Urkund ist dieses gehörig unterzeichnet und mit Unserem Fürstlichen geheimen Kanzleysiegel bedruckt worden."

Groß Lafferde ist ein großes, schönes Dorf, in dem Traditionen noch hochgehalten werden. Das Haufendorf an der Landstraße Hildesheim-Braunschweig liegt rund 11 km südlich von Peine. Die ältesten Namensformen finden wir im 11. Jahrhundert: Lacfurdi und Laffordi. Bischof Bernhard hatte nördlich der Domburg in Hildesheim die Michaeliskirche und das Michaeliskloster gebaut. Ihm schenkte er laut einer Urkunde aus dem Jahre 1022 etwa 466 Hufen Land, zehn Erntezehnte und zehn Mühlen (1 Hufe = zwischen 30 und 60 Morgen). Dabei war auch Lafferde mit aufgezählt.

In einer Urkunde von 1302 wird ein Pfarrer Heinrich in Lafferde, Kaplan des Herzogs Albrecht von Braunschweig genannt. 1368 stellt der Pfarrer Konrad eine Urkunde aus, die er durch Anhängen seines Siegels bekräftigte.

Das Patronatsrecht über die Pfarrkirche lag schon Ende des 15. Jahrhunderts in den Händen der Gemeinde. Die 1321 erstmals erwähnte Kapelle des Michaelisklosters, die im Güterverzeichnis des Klosters von 1641 erwähnt wird, ist wahrscheinlich die Vorgängerin der späteren Kapelle von 1734. Eine Schule besteht in Groß Lafferde seit 1587. Die evangelische Pfarrkirche war ehemals dem hl. Bernward geweiht. Die heutige Kirche ist ein in romanisierenden Formen aufgeführter Quaderbau, von 1857 bis 1859 errichtet.

Da der Ortsname Lafferde als eine im Eichenwald gelegene Furt gedeutet wird, erinnert das Wappen mit Eichenbruch und goldenem Posthorn auch daran, daß Lafferde ein alter Postort war. Die Holländerwindmühle, die 1888 von dem Müller Wilhelm Lampe erbaut worden ist, befindet sich noch immer im Familienbesitz. Seit 1922 trägt sie keine Flügel mehr. Einst gab es noch weitere Mühlen im Ort, beispielsweise die Cramm'sche Mühle, die westlich des Dorfes stand. Sie ist vor einigen Jahren zusammengebrochen, die Reste entfernt worden.

Groß Lafferde
Vries.

Münstedt

Die älteste urkundliche Namensform dieses 8 km südöstlich von Peine gelegenen Haufendorfes stammt aus dem Jahre 1189: Monigstide. 1209 und um 1239 schrieb sich der Ort Monstide, 1301 Munstede. Im Jahre 1189 wurde die neu erbaute Kapelle in Oberg von der Mutterkirche Münstedt losgelöst. 1301 wird ein Viceplebanus, ein Leutepriester, in Münstedt erwähnt, 1376 der Priester Magister Albertus Backermann. Das Patronatsrecht besaß der Bischof. Die örtliche Sage berichtet von einem ehemals in Münstedt vorhandenen Kloster. Es haben sich aber nie Unterlagen darüber gefunden.

Das Dorf liegt dort, wo sich zwei alte Heerstraßen kreuzen. Dieser Verkehrsknotenpunkt ist heute als „Weißes Kreuz" bekannt. Der Name „Kaiserstraße", an die Heerstraße nach der Kaiserstadt Goslar erinnernd, hat sich bis heute erhalten. Durch Münstedt rumpelte so mancher Planwagen, mit vier oder sechs Pferden bespannt, wie man alten Aufzeichnungen entnehmen kann. Und Münstedt war ein Dorf an diesen Fernstraßen, in dem man gern Rast machte. Auch Waren wurden umgeladen. Von „Wichbildleuten" ist die Rede, die schon um 1300 Sonderrechte besaßen.

Die Räder dieser Fuhrwerke findet man auch in Form von Jahresrädern im Wappen der Gemeinde. Das Münstedter Wappen bildet zwei Sonderformen des Jahresrad-Symbols ab. Sie stammen vom Scheunenholm des einzigen Münstedter Vollspännerhofes von 1798. Im Rot über Gold schräg geteilten Schild steht oben ein goldenes dreispeichiges Rad, unten ein rotes. Beide sind mit Halbkreisbögen um die Felge besetzt, das obere mit zwölf, das untere mit neun. Die Schrägstellung des Schildes erinnert an die alte Zweiteilung in das „alte" und das „neue" Dorf. Die Grenze bildet der Woyst-Graben. Der Gemeinderat des seit dem 1. Februar 1971 zu Lahstedt gehörenden Ortes hat das Wappen am 18. Juni 1958 angenommen. Genehmigt wurde es am 8. Juli 1958.

Am Vorwerk 3 befindet sich die hier abgebildete Hofanlage. Sie liegt im südöstlichen Dorfkern und befindet sich in einem sehr guten Sanierungszustand. Das Wohnwirtschaftsgebäude mit dem zweigeschossig abgerundeten Wohnteil zur Straße besitzt eine mittige Querdieleneinfahrt. Am Torbalken kann man folgende Inschrift lesen: „In Jesu Nahmen Fahre/ ich aus/ In Jesu Nahmen fahre ich ein/ In Jesu Namen drosch/ ich aus/ In Jesu Namen gniesen/ wir es auch./ Anno 1746."

Die evangelische Pfarrkirche von Münstedt ist eine spätklassizistische Saalkirche aus dem Jahre 1838, nach Plänen von Konsitorialbaumeister Hellner, mit geringen Veränderungen ausgeführt von Landbaumeister Wellenkamp. Der romanische Westturm stammt aus dem zweiten Viertel des 13. Jahrhunderts. Das Gotteshaus steht auf dem alten Friedhof im Nordteil des Dorfes.

Münstedt.

Oberg

Südlich von Peine liegt die alte Haufensiedlung Oberg, die man in einer Urkunde aus dem Jahre 1152 Oberge nennt. Oberche und Oberghe sind weitere Namensformen. 1189 wurde auf dem Grund und Boden Herzog Heinrichs des Löwen in Oberg eine Kapelle erbaut, die hinsichtlich des Tauf- und Begräbnisrechtes von der Mutterkirche in Münstedt losgelöst wurde. Das Patronatsrecht überließ der Herzog der Gemeinde, die es allerdings später wieder verloren haben muß. Nach dem Lehnsbuch der Herzöge Magnus und Ernst von Braunschweig (1344-1365) trug Johannes de Oberghe das Patronatsrecht zu Lehen. 1301 wird der Vicepleban, ein Leuteprediger, Dietrich in Oberg erwähnt.

In Oberg stand schon früh eine Burg. Die Oberger wurden als tapfere und kühne Ritter bezeichnet. Einer von ihnen war Eilhart von Oberg, ein Ministeriale Heinrichs des Löwen. Im Jahre 1180 dichtete der Minnesänger nach französischen Vorlagen der Troubadur-Dichtungen das Liebesepos „Tristan und Isolde". Es war die erste deutsche Bearbeitung dieses ursprünglich keltischen Stoffes.

Um die Mitte des 14. Jahrhunderts hatten räuberische Übergriffe von der Burg Wallmoden aus zu einer schweren Fehde zwischen Herzog Magnus dem Älteren von Braunschweig und Bischof Gerhard von Hildesheim geführt. Bodo von Oberg, der silberne Ritter, tat sich in der Schlacht bei Dinklar am 3. September 1367 besonders hervor. Der Herzog geriet in Gefangenschaft. Später vertrugen sich Herzog und Bischof wieder, zogen gemeinsam nach Wallmoden und zerstörten die Burg, um den Räubereien ein Ende zu machen.

Die Stiftsritter auf der Burg blieben Raubritter. Zu den verwegendsten Haudegen gehörte Berthold von Oberg. 1390 erklärte die Stadt Braunschweig dem Bischof Gerhard die Fehde, weil seine Lehnsmannen der Stadt Schaden zugeführt hatten. Die Burg Oberg wurde belagert, die Burgherren mußten fliehen.

Das heutige Schloß Oberg wurde über der zerstörten Burg 1855 erbaut. Vom Bergfried der alten Burg ist aus dem 12. Jahrhundert noch ein Gewölbe erhalten. Zum Schloß gehört ein vorbildlich gestalteter Landwirtschaftsbetrieb.

Beherrschendes Motiv des Oberger Ortswappens ist nicht etwa der Burgturm, sondern der auf dem Lahberg 1915 erbaute Bismarckturm. Im roten Schild steht er golden auf goldenem Hügel, seitlich von Pappeln gerahmt.

Die evangelische Pfarrkirche ist eine einschiffige kreuzförmige Anlage mit einem Turm im Westen. Querhaus und Chor sind 1899/1900 an den älteren Bau angefügt worden. Ein Quader der Südecke trug eine dreimal das Jahr 1664 enthaltene Inschrift.

Oberg.
95 Krieg.

Lengede

Fünf Ortschaften haben in der Einheitsgemeinde „ihr" neues Rathaus am Vallstedter Weg gebaut. Diese fünf Ortschaften, Barbecke, Broistedt, Klein Lafferde, Lengede und Woltwiesche schlossen sich schon im Jahre 1972 freiwillig zusammen, zwei Jahre vor der Gebietsreform. Heute leben hier knapp 11.000 Einwohner. Schon immer zum Landkreis Peine gehörten die Dörfer Lengede und Klein Lafferde, sie waren hannoversch, später preußisch. Barbecke, Broistedt und Woltwiesche hingegen gehörten zum Landkreis Wolfenbüttel. Hier pflegte man noch lange braunschweigische Traditionen.

Das ehemalige Haufendorf Lengede war schon immer ein großes Dorf. Urkundlich heißt der Ort 1151 Lengethe, aber schon 1213 findet man die heutige Schreibweise. Die Bezeichnung „Lengede by der Ffusen", wie es in einer Urkunde aus dem Jahre 1403 vorkommt, wird später öfters zur Unterscheidung von dem Ort Lengde im Landkreis Goslar gebraucht. Lengede war schon früh ein Ort eines geistlichen Gerichts, das über kirchliche Fragen entschied. Der Bann Lengede wird zuerst 1232 durch die Erwähnung des „Volradus sancte Maria in Hildesheim, canonicus et in Lengethe archiduaconus", ein Geistlicher von St. Maria in Hildesheim, erwähnt. Im Jahre 1253 wird in einer Urkunde unter anderen Geistlichen Gerhardus de Lengedhe genannt. Ob dagegen der häufig erwähnte Prediger Heinrich in Lengedhe, Propst des Klosters Derneburg, der im Jahre 1305 eine Urkunde ausstellte, nach Lengede im Kreis Peine oder nach Lengde im Kreis Goslar gehört, bleibt unklar. Von 1357 sind zwei Urkunden des Domherren Günther von Bartensleben, „archidiaconus in Lenghede", erhalten. In dieser Urkunde nennt er sich Archidiakon (Oberkirchenaufseher) in Stöckheim und Lengede. 1377 wird „Hermann Pernere to Lenghede vicarius des Bannes to Stockem" urkundlich bezeugt. Das Patronatsrecht war in den Händen des Archidiakons von Stöckheim.

Die evangelische Pfarrkirche ist ein einschiffiges romanisches Gotteshaus mit etwa quadratischem Chor und halbrunder Apsis aus dem Anfang des 13. Jahrhunderts. Der Westturm ist nach seiner Gesamtanlage, der Verbindung mit dem Schiff und nach dem Steinmaterial im unteren Teil älter als der übrige Bau, der wohl aus der zweiten Hälfte des 12. Jahrhunderts stammt. Der Turmsockel führt in die anstoßende Westwand des Schiffes hinein. Der obere Teil der Kirche ist in gotischer Zeit erneuert worden, wohl im 14./15. Jahrhundert. Der Turmhelm stammt von 1767, die Neuanlage der Fenster im Schiff von 1835. Die Kirche befindet sich auf dem eingeebneten Friedhof im Südteil des Dorfes. Die katholische Pfarrkirche befindet sich am Rande des Altdorfes in Richtung Broistedt.

Die Lengeder waren überwiegend freie Bauern, Landsassen, die auf ihren

Erbhöfen saßen wie die Burgsassen auf ihren Burgen. Ein Gunzelin von Lengede, den man mit seinen Söhnen ausdrücklich als „freie Männer" bezeichnet hat, wird in einer Urkunde als Treuhänder genannt. Ein Lehnsbrief aus dem Jahre 1564 geht auch darauf ein. Hierin heißt es: „Wir um Gottes Gnaden Heinrich der Jüngere, Herzog von Braunschweig, bekennen in diesem Brief für Uns und Unsere Nachfolger, daß wir belehnen zu einem rechten erblichen Mannesleh Henning Möhlen als den Ältesten seiner Vettern, die alle Möhlen genannt, mit einem Bau-Hofe zu dreieinhalb Hufen Acker zehntfrei in dem Dorfe und auf der Flur zu Lengede bei der Fusen." Die Möhlen waren ein einflußreiches Geschlecht in Lengede. Die Flurbezeichnung „Möhlenkamp" erinnert noch heute daran.

Als 1871 in Lengede der Bergbau begann, waren große Erdbewegungen vorangegangen. Im Jahre 1872 erwarb die Ilseder Hütte das Grubenfeld „Sophienglück" in unmittelbarer Nähe von Lengede. Auf weiten Strecken lag das Erz so dicht unter der Ackerkrume, daß es sehr häufig von Bauern beim Pflügen nach oben befördert wurde. So wurde das Erz zunächst im Tagebau abgebaut. 1911 entstand der Schacht „Anna", der 1959 abgebrochen wurde, und 1917/18 der Schacht „Mathilde". Nach und nach weiteten sich die Anlagen auf dem Gebiet von sechs Gemeinden aus.

Immer stärker wurde der Zuzug von Menschen, denen der Schacht Arbeit und Brot gab. Am Vallstedter Weg und in der Umgebung entstanden in den zwanziger Jahren Arbeitersiedlungen, später von 1946 bis 1960 vor allem am Glückaufring, am Woltwiescher Weg sowie weitere am Vallstedter Weg.

In mehr als 100 Jahren wurden durch den Bergbau rund 500 Hektar der Landschaft verändert. Schon 1940 erkannte man, daß diese Flächen kultiviert werden müssen. In Lengede machte man aus der Pflichtaufgabe einen Beitrag zum Umweltschutz. Bereits 1950 begann man mit dem Aufforsten der Böschungen an den Klärteichen. Pappeln und Erlen wurden vorwiegend gesetzt. Das neue Grün verwandelte den öden Landstrich zu einem Treffpunkt für Naturfreunde, wozu auch der weithin sichtbare Lengeder Berg, eine Abraumhalde, mit seinen Freizeiteinrichtungen gehört.

Der „Seilbahnberg", wie man den Lengeder Berg bald nannte, mit seinen 157 m, auf den allerdings keine Seilbahn hinaufführt, ist heute ein Erholungspark. Er ist eine künstlich kultivierte Erhebung in dem ringsum flachen Lande. Der Berg ist von einer parkähnlichen Grünanlage, dem „Bergbaupark", umgeben. Freizeitgestaltung ist hier angesagt: Spazierwege, Grillstelle, Spielplatz, Aussichtsplattform. Bei gutem Wetter fährt an Wochenenden eine Modelleisenbahn am Fuße des Berges durch die Wiesen. Von oben genießt man das Peiner Land im Überblick, unten ist der Bergbaupark zu sehen. Ein Weg führt zur Gedenkstätte für das Grubenunglück von 1963.

Das Jahr 1963 werden die Lengeder wohl nie vergessen. Ein Klärteich brach und Riesenmengen an Wasser und Schlamm ergossen sich in die Grube „Mathilde". Über die Katastrophe von Lengede brachten Zeitungen, Rundfunk- und Fernsehanstalten wochenlang Bilder und Kommentare über dieses schreckliche Ereignis. In einer dramatischen Rettungsaktion wurden erst sieben, dann drei, und schließlich noch einmal elf Kumpel aus der Tiefe geborgen. Für 29 andere gab es keine Hilfe mehr. – Die Erinnerung an sie hält eine würdige Gedenktafel wach. Auf ihr steht: „Am 24. X. 1963 gegen 20 Uhr, als dichter Nebel über dem Gelände lag, brach der Klärteich 12. Wasser und Schlamm ergossen sich in die Grube Mathilde. In kurzer Zeit waren alle Strecken bis zur 60 m-Sohle überflutet. 29 Bergleute verloren ihr Leben. Durch das Rettungsbohrloch gelang es, in übermenschlichen Anstrengungen und wunderbaren Fügungen nach 14 Tagen 11 Mann aus einem Hohlraum im Bruch in 60 m Tiefe zu retten. Zehn ihrer Kameraden starben neben ihnen. Wir konnten sie nicht befreien. Gott gebe ihnen Frieden."

Das Wappen von Lengede ist mit durchgehendem roten Bruchsteinmauerwerk angefüllt, das im Schildfuß von einem goldenen Wellenband durchzogen und in der Mitte von einer goldenen Rundbogenöffnung durchbrochen wird. In dieser Öffnung hängt eine schwarze Grubenlampe mit silbernem Licht. Dieses Wappen wurde vom Gemeinderat am 30. April 1958 beschlossen und im gleichen Jahr vom niedersächsischen Innenminister genehmigt. Das Mauerwerk weist auf die aus dem 12. Jahrhundert stammende romanische Kirche hin, die Farben Rot und Gold sollen an die fürstbischöflich-hildesheimische Landesherrschaft erinnern. Die Grubenlampe, die noch die Form der ursprünglichen Karbitlampe besitzt, symbolisiert den Bergbau. Das Wellenband verweist auf die Fuhse.

Barbecke

Beck, bêk oder bêke ist das niederdeutsche Wort für Bach oder kleines fließendes Wasser, häufig auch ohne besonderen Namen, einfach bêk. Bei Ortsnamen ist hier auf eine vielfach veränderte Landschaft Rücksicht zu nehmen. Mit der Austrocknung der Sümpfe und Rodung der Wälder sind in der Vergangenheit viele Bäche verschwunden, die noch den ersten Ansiedlern Grund zur Benennung geben konnten. Barbecke wurde nach dem Berbach genannt.

Barbecke wird urkundlich zuerst 1146 erwähnt, zwei Jahre später als Bergbike, um 1300 Berbeeke und 1448 Berebeke. Später finden wir auch Ortsbezeichnungen wie Barwecke (1814). Das Dorf entstand aus Groß und Klein Barbecke, deren angeblich ursprünglicher Name Labke sich später zu Lahbeck und Berbeck entwickelt haben soll. Doch Urkunden geben nur ungenaue Hinweise darauf. Seit 1972 gehört Barbecke zur Gemeinde Lengede.

Das Pfarrdorf war früher im Bann Lengede, später Lichtenberg. Die Kirche gehörte zur Ausstattung von St. Godehard in Hildesheim, das das Patronat bis 1803 ausübte. Später gehörte es zu Preußen, das es 1831 im Tausch gegen Ländereien an den Herzog von Braunschweig abtrat. Bis 1806 bestand in Barbecke noch ein hildesheimisches Meierding, ein Bauerngericht. Die Ländereien waren an Familien vergeben. 1178 gehörte eine Hufe dem Kloster Heiningen, um 1460 war ein Hof mit 42 Morgen Land bischöflich-hildesheimisches Lehen der Familie Damman in Hildesheim. Als herzogliches Lehen hatten die von Salder 1492 einen Hof mit 12 Hufen. Ferner besaßen die von Gustedt, von Bortfeld, die Pawels, die von Lesse und andere hier Ländereien. Der Zehnte, der zehnte Teil der Ernte und Einnahmen, gehörte in früher Zeit zur Ausstattung von St. Godehard und der Dompropstei, im 18. Jahrhundert je zur Hälfte dem Domkapitel und der Kreuzkirche in Hildesheim.

Die alte Dorfanlage ist haufenförmig. Der Thieplatz befand sich mitten im Dorf. Früher stand auf einer Erhöhung eine Linde, heute ist es ein ebener Platz. Die Heerstraße Wolfenbüttel-Hildesheim berührte den Nordrand des alten Ortes. Die Historiker Knoll und Bode verzeichnen die Wüstung Klein Barbecke auf der Barbecker Feldmark.

Die dem hl. Martin geweihte Kirche ist ein Neubau von 1856/57. Die alte Pfarrkirche wurde um das Jahr 1000 gebaut. Von einem alten gotischen Taufstein hat sich die mächtige, oben und unten runde, am Bauch achtseitige Schale von 91 cm Durchmesser erhalten. Die Seiten sind oben mit einem spitzen Kleeblatt-Blendbogen verziert, der auf drei Seiten von Profilen eingefaßt ist. Erhalten geblieben ist auch der Grabstein des Pastors Valentin Albers, der 1658 in Braunschweig geboren wurde, er war 1685 Pastor in Barbecke, wo er 1711 verstarb.

Barbecke.
Krieg

Broistedt

Die Ortschaften mit der Endung -stedt sind in Deutschland weit verbreitet. Im Althochdeutschen bedeutet diese Silbe so viel wie der Ort, die Stätte, Ortschaft. In den verschiedenen Formen -stadt, -statt, -stetten und -stedt finden wir Dörfer von Thüringen bis Schleswig. Man nimmt an, daß diese Namensformen erst durch die von Norden her eingewanderten Angeln und Warnen häufig geworden sind. Der Historiker Arnold vermutet, daß unsere Orte auf -stedt in ethnographischer Beziehung zu den Nordseeanwohnern stehen. Broistedt an der Fuhse wurde erstmals als Brostethe 1151 erwähnt. Die Schreibweise, früher stets ohne „i", wechselte häufig: Brothstethe (1200), Brotstidde (1282), Brotzede (1301), Brutzede (1318) und Brozede (1328).

Die Karten aus den Jahren 1749 und 1896 sowie Fotos aus dem Anfang unseres Jahrhunderts sind Zeugen der Veränderung des Dorfes. Am Grundriß des alten Dorfkerns hat sich im Laufe der letzten 250 Jahre kaum etwas geändert. Die Straße nach Lengede, die Wolfenbütteler Straße (Heerstraße), Ostenstraße, Osterriehe und Lebenstedter Straße findet man in früheren Karten mit gleichem Verlauf wie heute.

Der Boden um Broistedt ist sehr fruchtbar, er ist kalkhaltig, sandig und lokker. Deshalb spricht man von Broistedt auch von einem Lößdorf (Lößboden). So hat die Landwirtschaft auch heute noch eine Bedeutung. Viele Höfe sind außerhalb der früheren Ortsumrandung angelegt worden. Typisch für Broistedt ist auch im Dorfkern die Lage der Häuser. Die Giebel zeigen zur Straße. Kurz vor der Jahrhundertwende hat die Industrialisierung begonnen. Eine Eisenbahnlinie und die Anlage einer Zuckerfabrik (1864) sowie ein ausgebautes Landstraßennetz haben auch Broistedt zu einem aufgeschlossenen Dorf gemacht.

Bis zum Zusammenschluß zur Samtgemeinde Lengede 1972 spielte Broistedt eine dominierende Rolle im ehemaligen Landkreis Wolfenbüttel. Mit seiner Industrie wie den Firmen Stoll, Fengler, der Molkerei, Berner, Raiffeisen und der Peussag AG sowie den vielen Einzelhandelsgeschäften war Broistedt einer der bedeutendsten Orte des ganzen Kreises. Die Central-Molkerei Broistedt wurde 1891 von den Bauern der Umgebung gegründet. Die Firma Stoll liefert moderne Technik für die Landwirtschaft. Die dort produzierten Frontlader, Heumaschinen und Zuckerrübenernter sind über ganz Europa verbreitet.

Aus dem Bauerndorf wurde ein Industriestandort. Heute ist Broistedt aber auch ein Wohndorf. Neue Baugebiete wurden 1991 erschlossen. An der nördlichen Peripherie liegt das Industriegebiet mit den Firmen Stoll, Borchard und Raiffeisen. An der Osterriehe und am Mastenweg entstand das neue Baugebiet.

Broistedt.

Klein Lafferde

12 km sind es von Klein Lafferde, das seit dem 1. Juli 1972 zur Gemeinde Lengede gehört, bis Peine. Die ehemalige Haufensiedlung wurde urkundlich schon im 13. Jahrhundert von Groß Lafferde unterschieden. In den Jahren 1277 bis 1284 wurde der Ort in parvo Lafferde genannt, daneben kommen die Bezeichnungen Oster- und Westerlafferde vor. Osterlafferde steht für Klein Lafferde. 1374 heißt der Ort dann lutken Lafferde.

Während des Dreißigjährigen Krieges gab es hier schwerste Not. Dem alten Kirchenrechnungsbuch ist zu entnehmen, daß die Bauern vor den Truppen der Kaiserlichen flüchten mußten und deshalb nicht in der Lage waren, den Roggenzins zu bezahlen. Eine Aufzeichnung aus dem Jahre 1640 zählt 36 wüste Höfe. Am 1. April 1785 wurden bei einem Brand 42 Häuser vernichtet. An dieses Ereignis erinnert eine Inschrift an einem Hausbalken der Gastwirtschaft „Zur Waage": „Gedenke des Ersten April 1785 an welchem 42 Wohnungen durch Feuer eingeäschert wurden...".

Bis in die Mitte des 19. Jahrhunderts hinein war Klein Lafferde wegen seiner Landwirtschaft recht bedeutend. Damals lebten hier mehr Menschen als zu der gleichen Zeit in Lengede, Münstedt, Oberg oder Groß Ilsede. Der Wandel setzte mit dem Beginn des Erzbergbaus der Ilseder Hütte in dem nahen Lengede ein. Im Schatten der Industrie blieb Klein Lafferde ein bäuerliches Dorf, wenngleich sich eine Reihe von Handwerkern und Tagelöhnern hier niederließen.

Die alte Holländerwindmühle ist vor etwa 30 Jahren zu Wohnzwecken umgebaut worden. Sie wurde 1840 als Öl- und Graupenmühle vom Müller Heinrich Friedrichs erbaut. 33 Jahre lang drehte diese damals so stattliche Mühle ihre Flügel, bis sie 1872 niederbrannte. Sie wurde wieder aufgebaut und Müller Friedrichs müllerte weiter, bis er sie im Jahre 1890 abgab. Sie war noch bis 1940 im Betrieb.

Die kreuzformige evangelische Pfarrkirche in romanisierenden Formen wurde von 1874 bis 1876 an der Stelle einer alten „massiven Kapelle" erbaut. Diese Kapelle hatte rechteckige, anscheinend später veränderte Fenster, eine Rundbogentür und im Innern eine flache Balkendecke. Der Westturm ist romanisch und stammt vermutlich aus der Zeit um 1200. In den Jahren 1918/19 wurde er wiederhergestellt und mit einem neuen Helm versehen. Der Turm ist über quadratischem Grundriß in Backstein aufgeführt.

Klein Lafferde liegt an der Fuhse, im Wappen wird mit einem silbernen Wellenbalken darauf verwiesen. Ein goldenes Lindenblatt deutet auf das Lafferder Holz und die etwa 160jährige Dorflinde hin. Das sechsspeichige Jahresrad, das als altes Hauszeichen auf mehreren Hausbalken in Klein Lafferde zu sehen ist, soll die bäuerliche Tradition im Wappen zum Ausdruck bringen. Der Gemeinderat beschloß dieses Wappen am 18. April 1957.

Klein Lafferde

Woltwiesche

Der Volksmund sagt Wohlsche, doch dieser Name lenkt von dessen Ursprung ab. Das niederdeutsche Wort wiesche ist gleichbedeutend mit Wiese. Im gesamten Landkreis Peine gibt es kein weiteres Dorf mit einer solchen Endung. Die erste Erwähnung des Ortes stammt aus dem 12. Jahrhundert. Man schrieb den Ortsnamen Waltwische, 1337 Wohldwiesche. Vermutlich entstand die erste Siedlung auf einer Waldwiese.

Die gotische Kirche zu Woltwiesche wird erstmals 1149 unter den Gütern des Augustinerinnenklosters Lamspringe erwähnt. In dem Schutzbrief des Bischofs Bernhard von Hildesheim vom 10. Oktober 1149 und in dem des Bischofs Adelog vom 28. November 1178 werden für dieses Kloster „drei Hufen zu Waltwische mit der Kirche frei von allen Lasten mit ihren Zugehöringen" aufgeführt.

Nach einer handschriftlichen Dorfbeschreibung von Woltwiesche aus dem Jahre 1749 befanden sich hier noch mehrere sächsische Häuser. Eine Hausbeschreibung nennt das Haus Nr. 1 des Großköters Harm Volling: „Ein Haus, worin zugleich Scheuer und Stallung. Ist baufällig." Zum Haus Nr. 2 des Großköters Sieverling heißt es: „Das Haus ist baufällig, Scheuer und Stallung sind mit daran begriffen, ohne Schornstein und mit Stroh gedeckt." Das Haus Nr. 3 gehörte dem Halbspänner Everling. Dazu heißt es: „Das Wohnhaus ist alt, ohne Schornstein und mit Stroh gedeckt. Scheuer ist mit im Hause, wie auch die Ställe." Das Haus Nr. 4 gehörte dem Halbspänner Wartjenstedt. Dieses Haus war 1749 bereits eingefallen. „Scheuer und Ställe sind mit dem Hause eingefallen und ist nur das Feuerspann stehen geblieben", heißt es in der Beschreibung. Die sächsische Bauweise wurde schon zu dieser Zeit von der thüringischen verdrängt.

Rund 50 Jahre später (1802) haben die Historiker Hassel und Berge das Dorf erneut aufgenommen: „Woltwiesche, ein Pfarrdorf an der Fuhse, 2 Stunden von Lichtenberg und 4 Stunden von Wolfenbüttel, mit 1 Kirche, 1 Pfarre, 1 Pfarrwitwenhaus, 1 Opferei, 4 Halbspännerhöfen, 61 bebauten und 3 nicht bebauten Kothöfen, 16 Brinksitzerstellen, 90 Feuerstellen und 606 Einwohnern. Die Pfarre besetzte das Kloster Lamspringe, den Opferdienst der Prediger. Vor dem Dorfe steht eine Windmühle und nahe bei derselben ist ein Steinbruch. Eine Oehlmühle im Dorfe wird von Pferden getrieben. Der Hauptnahrungszweig seiner Bewohner ist das Garnspinnen."

Gesponnen wurde im Winter, wenn die Arbeit im Freien ruhte. Von Weihnachten bis zum Dreikönigstage nannte man die Tage früher „die Zwölften". Dann herrschte allerlei Aberglaube. Es durfte dann nicht gesponnen werden und die Spinnerinnen hatten darauf zu achten, daß bis zum Weihnachtsfest aller Flachs verarbeitet war. Der Volksmund sagt, daß der Flachs im neuen Jahr nur gerate, wenn der alte bis Weihnachten verarbeitet war.

Woltwiesche

Vechelde

Als vermutlich älteste Nachricht von Vechelde wird die am 4. Juni 973 in Magdeburg ausgestellte Urkunde sein. Kaiser Otto II (reg. 973-983) bestätigt darin der erzbischöflichen Kirche zu Magdeburg die Privilegien seines Vaters, ebenso den Besitz im Nordthüring- und Harzgau, Markt und Münze zu Gittelde sowie den Besitz westlich der Elbe, darunter auch Besitz zu Vechelde mit allen „Zubehören". Doch im Urkundenbuch des Erzstiftes Magdeburg konnte Dr. Hans Adolf Schultz den Ort „Fehlton" schon 943 nachweisen (siehe Buch „Burgen und Schlösser des Braunschweiger Landes"). Die zweitälteste Urkunde von Vechelde wurde in Rom ausgestellt. Papst Lucius II. nahm am 11. Januar 1145 das Kloster Berg bei Magdeburg in seinen Schutz und bestätigte dessen Rechte, Freiheiten und Besitzungen, darunter auch die zu Vechelde (Vechtla).

Herzog Friedrich ließ in Vechelde ein festes Schloß anlegen, das er aber bereits am Weihnachtstage 1392 zusammen mit dem Dorf, der Mühle, dem Gericht und vier Höfen der Stadt Braunschweig pfandweise abtrat.

Der Stadt Braunschweig wird das sehr gelegen gekommen sein, denn Burg und Dorf Vechelde bildeten für sie gewissermaßen einen westlichen Vorposten. Sie lagen am Westrand einer breiten sumpfigen Aue-Niederung, die außerordentlich verkehrswidrig war und daher einen guten natürlichen Schutz darstellte.

Die Braunschweiger Stadträte haben es im Laufe der folgenden Jahrhunderte gut verstanden, ihren Besitz in Vechelde immer weiter auszudehnen. Aus urkundlichen Überlieferungen wissen wir, daß um 1403 Henning Hallendorf hier Vogt war, daß es von 1423 bis 1427 an Kurt von Veltheim gegeben wurde, daß 1432 ein städtischer Vogt namens Brand und daß ferner als Verwalter oder Vögte 1456 Heinrich Hiltgreve, ab 1456 Heinrich Rode, von 1470 bis 1479 Hans Wolters und von 1487 bis 1490 Henning Schunemeyger hier wirkte.

Genau 100 Jahre nach der Verpfändung der Burg an die Stadt Braunschweig – am 28. August 1492 – wurde die Burg Vechelde nach eintägiger Belagerung vom Herzog Heinrich d. Ä. eingenommen. Bald nach Beginn der Belagerung mußte sich die städtische Besatzung des Schlosses ergeben. Im Friedensvertrag vom 5. Februar 1494 wurde Vechelde dem Rat wieder übereignet. Im Jahre 1569 wurde der Pfandbesitz in ein Erbmannlehen verwandelt. Nach dem Erlöschen derer von Rautenberg, die seit 1379 die Güter des Klosters zu Lehen trugen, kam auch dieser Grundbesitz 1629 in den Besitz der Stadt. Durch die Unterwerfung Braunschweigs im Jahre 1671 fielen deren sämtliche Güter in Vechelde wieder an den Landesfürsten.

Der Herzog ließ die alte Wasserburg 1693 abreißen. Etwa an der gleichen Stelle entstand 1695 das neue Schloß, ein fürstlicher Landsitz in einem herr-

Vechelde.
Sonnenuhr im
ehemaligen Schloßgarten.

lichen Park mit üppig bepflanzten Lauben und Grotten. Dr. Hans Adolf Schultz schreibt in seinem Burgenbuch: „Aus den Architekturformen glaubt man schließen zu müssen, daß Hermann Korb der Baumeister war, zumal er nachweisbar zur gleichen Zeit mit Wege- und Wasserbauten in diesem Gebiet beauftragt war. Herzog Rudolf August (1627-1704) zog Hedwigsburg als persönlichen Sommeraufenthalt vor. Dieses neu erbaute Schloß Vechelde überließ er mehr seiner zweiten Gemahlin Rosine Elisabeth Menten, der 'Madame Rudolfine' (1633-1701). Nach ihr heißt der ehemalige Anfahrtsweg von Braunschweig nach Vechelde der 'Madamenweg'."

Von deren Schwester und Erbin, der Frau des Intendanten von Lautensack, löste Herzog Anton Ulrich das Gut 1712 wieder ein und überließ es der damaligen Erbprinzessin Sophie. Herzog Karl I. erwarb es 1742 zurück, doch behielt sich die Herzogin Witwe das lebenslange Wohnrecht vor. 1764 trat Karl I. das Gut seinem Oheim Herzog Ferdinand, dem ruhmreichen Feldherrn des Siebenjährigen Krieges, ab, der es nach dem Tod der Herzogin Sophie zur Sommerresidenz erkor.

Herzog Ferdinand (1721-1792) wohnte im Winter in der Burg Dankwarderode zu Braunschweig, während der Sommermonate führte er ein ruhiges und beschauliches Leben als Gutsherr von Vechelde. Vielseitig interessiert liebte er zugleich fröhliche Geselligkeit. Er huldigte den Freimaureridealen Arbeit und Menschenliebe. Auf dieser Ebene verband ihn eine innige Freundschaft mit Abt Jerusalem. Nach einem zweiten Schlaganfall verstarb Herzog Ferdinand am 3. Juli des Jahres 1792. Dem eigenen Wunsch entsprechend, fand der Held im Schloßpark von Vechelde seine letzte Ruhestätte. Er hatte in seinem Testament am „15t. Junii 1782" bestimmt, in einem Grabgewölbe „im Vecheldischen Obern Garten unter dem Rasen der Linden Laube von 16 hochstämmigen Linden-Bäumen" bestattet zu werden. „7 breite Stuffen von Steinen hinunter zur Ruhe und Auflösungs Städte meiner irdischen Hülle." Im Amtsgarten hat sich noch ein Denkmal des Abts Jerusalem erhalten, das ihm laut Inschrift sein Verehrer, Herzog Ferdinand, errichten ließ.

Da jedoch das von Linden umschattete Grabgewölbe zu feucht war, ließ Herzog Karl Wilhelm Ferdinand wenige Jahre später Herzog Ferdinand in das fürstliche Erbbegräbnis im Dom zu Braunschweig überführen.

Das Vechelder Schloß wurde 1804 dem bekannten Pädagogen Dr. Johann Peter Hundeiker aus Groß Lafferde übergeben, der hierher mit seiner berühmten Erziehungsanstalt zog. Sie verblieb hier bis zur Auflösung im Jahre 1819.

Nach der 1825 erfolgten Verlegung des Kreisgerichts von Bettmar nach Vechelde diente das Schloß als Gerichtsgebäude, denn Vechelde war Sitz

Ehemaliges Kavaliershaus Vechelde.
Gartenansicht / Hildesheimer Straße 2

des Amtsgerichts. 1826 wurde das Hauptgebäude auf Abbruch verkauft und das Amt in das Nebengebäude des Schlosses verlegt. 1880 erfolgte ein Neubau für das Amtsgericht.

In der zweiten Hälfte des 19. Jahrhunderts wurden im Land Braunschweig viele Zuckerfabriken erbaut, 1857 in Vechelde. Neun Teilnehmer waren es, die zunächst eine Aktiengesellschaft gründen wollten, aber nur eine Handelsgesellschaft schufen. Erst Jahre später, mit dem Bau einer zweiten Zukkerfabrik, wurde diese in eine Aktiengesellschaft umgewandelt. Julius Spiegelberg war anscheinend wohl der Initiator. Er war auch Vorsitzender der Gesellschaft. Er hatte hier in Vechelde, wo der „Gutsherr von Vechelde" schon im vorausgegangenen Jahrhundert die Landleute zu ertragreicher Wirtschaftsweise angeregt hatte, den Flachsanbau zur Errichtung einer Werggarnspinnerei empfohlen. Diese Spinnerei war die erste Jutespinnerei in Europa. Die Zuckerfabrik befand sich neben der Spinnerei an der Aue. 101 Jahre wurde hier produziert, dann war Stillstand am Auestrand.

Die Jutespinnerei wurde 1860 gegründet. Hier fanden viele Arbeiterinnen und Arbeiter Beschäftigung. 1874 wurde eine Zweigniederlassung in Braunschweig gegründet. Zur gleichen Zeit entstand eine Molkereigenossenschaft und 1911 eine Konservenfabrik. Am 11. Januar 1890 brannte die Jutespinnerei in Vechelde aus. Sie produzierte zunächst in Braunschweig an der Spinnerstraße weiter.

Zu Anfang des 18. Jahrhunderts gab es in Vechelde einen Gesundbrunnen, der weithin bekannt war und dessen Wasser gute Umsätze brachte. Weitere Gewinne erzielten die Dorfbewohner durch Torfstechen im nahen Bruch. Um 1880 stellte man den Abbau ein.

Heute zählt Vechelde über 5400 Einwohner. Es liegt im Industriedreieck Braunschweig-Salzgitter-Peine. Das ist ein Vorteil der Gemeinde. Am 1. April 1974 entstand aus 17 selbständigen Gemeinden eine aufstrebende Einheitsgemeinde mit rund 15600 Einwohnern. Dazu gehören: Alvesse, Bettmar, Bodenstedt, Denstorf, Fürstenau, Groß Gleidingen, Klein Gleidingen, Köchingen, Liedingen, Sierße, Sonnenberg, Vallstedt, Vechelade, Vechelde, Wahle, Wedtlenstedt und Wierthe.

Eine zeitlang erwog man die Einführung eines neuen Wappens, blieb dann aber beim bisherigen. Das Wappen ist eine farbliche Abwandlung des Wappens der Familie von Vechelde.

Vechelde, im Volksmund Vechel genannt, ist ein zentraler Ort mit einer wald-, felder- und wiesenreichen Umgebung. Allein das nahegelegene „Fürstenauer Holz" mit gut ausgebauten Wander- und Radwegen hat eine Größe von 560 ha. Vechelde bietet aber auch Unternehmen und Gewerbetreibenden gute Standortvoraussetzungen. Die stetig steigende Einwohnerzahl der Gemeinde beweist die Anziehungskraft als Wohnort.

An der Kirche
Vechelde.

Alvesse

Alvesse ist ein altes Pfarrdorf. Nach einer frühen Ortsbeschreibung liegt der Ort etwa 2 Fuhrwerksstunden von Wolfenbüttel entfernt, zu dessen Residenzamt es einst auch gehörte. Neben der Pfarre, dem Pfarrwitwenhaus und der Opferei gab es im Jahre 1802 noch vier Halbspännerhöfe, 13 Kothöfe und drei Brinksitzerstellen. Nach der Dorfbeschreibung gab es zu der Zeit 188 Einwohner und 25 Feuerstellen im Dorfe. Die Pfarre besetzten die Gemeinde und die Familie Schwarzkoppen, die Opferei und die Schulstelle der jeweilige Prediger.

Alvesse ist heute noch bäuerlich geprägt. Das Dorf liegt auf einer flachen Bodenwelle zwischen der Aue und dem Dummenbruch (Bruchgraben). Bereits im Jahre 1161 wurde Alvotesheim, so die alte Schreibweise, urkundlich erwähnt, 1191 schrieb man Alvethesheim, 1226 Alvedissem, 1279 Alvedessem, 1250 Alvedessen, 1302 noch einmal Alvedessem, 1335 Alvedesse und dann Alvesse. Die Gründung des Dorfes geht wohl auf den Wohnsitz einer Person namens Abid zurück.

Die Alvesser haben häufig unter kriegerischen Auseinandersetzungen zu leiden gehabt. Besonders während des Dreißigjährigen Krieges mußten die Bewohner von Alvesse Not und Elend erleiden.

Außer einem stattlichen Gut herrschen im Ort mittelbäuerliche Betriebe vor. Das Gut entstand in der zweiten Hälfte des 19. Jahrhunderts und liegt abseits vom Dorfe. Das Wohnhaus wurde in schlichtem nachklassizistischen Stil in einem herrlichen Park errichtet. Im Osten des Ortes befinden sich eine Reihe Siedlungshäuser und Eigenheime. Ständig wird hier, wie in anderen Orten, weiter gebaut.

Für Spaziergänger bietet sich das Dummebruch an. Der Dummbruchgraben mündet bei Vechelde in die Aue. Auf der Feldmark werden heute bevorzugt Zuckerrüben angebaut. Das war früher ganz anders! Hopfen, der zu allen Zeiten gutes Geld brachte, Cichorien und Gemüse aller Art wuchsen hier auf gutem Boden. Als der Hopfenanbau in der gesamten Umgebung überhand nahm, ordnete 1383 der Rat der Stadt Braunschweig an, daß kein Bürger mehr als den dritten Teil seines Landes mit Hopfen bepflanzen dürfe. Eine Maßnahme, um der Minderung des Getreideanbaus entgegenzutreten.

Hin und wieder aber wurde auch Flachs angebaut, der in alten Zeiten ja so wichtig für die Landbewohner war. Aber auch die Viehwirtschaft kam in Alvesse nicht zu kurz. Schafe und Kühe waren es, die hier auf den Weiden grasten. Das war schon in grauer Vorzeit so. In dem benachbarten Torfmoor von Vallstedt ist 1875 ein vollständiges Skelett eines Urochsen aufgefunden worden, das man in das naturhistorische Museum in Braunschweig brachte. Diese Vorfahren unserer Kühe lebten zwischen Aue und Dummbruchgraben, ehe die ersten Siedler kamen und hier seßhaft wurden.

Alvesse.
Krieg.
95.

Bettmar

Am Ortsende der Bundesstraße 1, in der Schäferstraße, liegt die ehemalige Landvogtei und das Gericht. Sie war Sitz der Tempelherren, die im Dorf begütert waren. Im Hintergrund der nebenstehenden Zeichnung erkennt man den zweigeschossigen Barockbau, eingeengt durch entstellende Anbauten.

Der als Bethmere zuerst 1146 genannte Ort führte früher den Beinamen „an der Wiese" zum Unterschied von dem gleichnamigen Ort bei Hildesheim. Bis zur westfälischen Zeit (1618-1648) war Bettmar Sitz einer Landvogtei, die mit neun Dörfern die Hälfte eines Land- und Freiengerichts bildete. Die andere Hälfte umfaßte die hildesheimische Vogtei Dungelbeck. Über die Entstehung dieser geteilten Herrschaft sind die Ansichten verschieden. Einige halten den Gerichtsbezirk für einen Teil des Landstrichs, der in älteren Urkunden als „das Freie vor dem Walde" bezeichnet wird und bei Ausbildung der Territorialhoheit im alten Sachsen teils an die Welfen, teils an das Bistum Hildesheim fiel. Nach Aussagen anderer Historiker sollen beide Vogteien ursprünglich zur Grafschaft Peine gehört haben. Bei der angeblichen Achterklärung Ludolfs von Peine habe Heinrich der Löwe 1152 die Hälfte des Gerichts in Besitz genommen. Die andere Hälfte sei nach dem Erlöschen der Peiner Grafen an das Bistum gekommen. 1317 wird dieser Teil als „Gogericht zur Pesere" erwähnt, später führte es gewöhnlich den Namen „Halbgericht". Das Gericht und die Nähe zur Grenze mochten wohl der Grund sein, daß in dieser Gegend auch mehrfach Landesversammlungen gehalten wurden, so im Jahre 1238 im Bettmarschen Holze vom Herzog Otto und dem Bischof Konrad von Hildesheim. In dem Bericht über die Stiftsfehde heißt es: „To Bettmar up der langen Wisch hielte man einen Tagh, wo man dei Herren, Ridder und Städte to Hope sagh."

Die 1579 neu erbaute Vogtei in Bettmar hatte 1602 durch einen Überfall der Braunschweiger zu leiden, bei dem die städtischen Söldner auch das Dorf völlig ausplünderten. Nach Beseitigung der westfälischen Fremdherrschaft wurde der Landvogt dem neuerrichteten Kreisgericht Bettmar überwiesen. Infolge der Verlegung des Gerichtssitzes nach Vechelde im Jahre 1825 wurde das Grundstück verpachtet und 1842 verkauft.

Die ehemalige Holländermühle in Bettmar wurde 1876 von dem Müller August Kurmeyer erbaut. Der Maler Werner Suchatzky hat sie noch 1971 gezeichnet. Sie war schon ohne Flügel, durch das Dach floß der Regen. Bald danach verschwand sie.

Bettmar hat heute einen guten Wohnwert. Das Uhlen- und Bettmar-Holz stehen unter Naturschutz und bieten sich für Wanderungen an. Die Badeanstalt entstand aus einer Tongrube, die in den Jahren 1968/69 zu einem modernen Naturschwimmbad ausgebaut wurde.

Bettmar.

Bodenstedt

Das Pfarrdorf Bodenstedt liegt zwischen dem Großen und dem Kleinen Holze. Der Ort entstand in der Zeit des altsächsischen Landausbaus 300 bis 800 n. Chr. Urkundlich wurde das Dorf erstmals 1151 als Bonstad erwähnt. Im Jahre 1209 schrieb man Bodenstede, auch 1318, 1344 Bodenstidde, 1367 Bonstidde. Es war also die Wohnstätte eines Mannes, der Bodo hieß. Die Volkssage bezeichnet eine noch heute unter dem Namen „de Himmelsche" bekannte Stätte – früher ein Gehölz – als heiligen Ort. Nach der Christianisierung soll dort ein Muttergottesbild gestanden haben.

Bodenstedt, ein altes Pfarrdorf „unter dem Mühlenberge", liegt etwa drei Fuhrwerksstunden von Wolfenbüttel entfernt, unmittelbar an dem kleinen Bach Pisser, wie es in alten Aufzeichnungen nachzulesen ist. In dem Mühlenberg befindet sich Eisenstein, den die Ilseder Hütte etwa seit 1870 abbaute. Seit 1887 waren die Gruben durch eine Eisenbahnlinie über Lengede mit der in Groß Ilsede verbunden. Im Eisenstein war Phosphorit als Geschiebe eingeschlossen.

Um 1800 gab es in Bodenstedt neben der Kirche die Pfarre, das Pfarrwitwenhaus, die Opferei, sechs Halbspännerhöfe, 46 Kothöfe, fünf Brinksitzerstellen und zwei Hirtenhäuser. Im Jahre 1802 zählte man bereits 406 Einwohner. Bodenstedt war also schon immer ein großes Dorf. Die Pfarre vergab der Landesherr, den Opfereidienst das Konsistorium. Das Dorf hatte zwar fruchtbare Äcker, vor allem Flachs wurde hier angebaut, doch fehlte es an Weideland, Holzungen und an Bruchsteinen. Die Kirche und der Flachs sind im Bodenstedter-Wappen gezeigt. Es wurde 1952 eingeführt. Vor dem Dorfe stand die Gemeinde-Windmühle, auch eine einträgliche Schäferei gehörte der Gemeinde.

Auch heute bestimmen noch alte Höfe, meist Hakenhöfe und bei den kleinsten in Streckform das Dorfbild. Das letzte sächsische Haus besaß die Familie Söchting. Es ist Anfang des 20. Jahrhunderts abgebrochen worden. Im Dorfkern sieht man vorwiegend Backsteinhäuser. Unsere Zeichnung zeigt einen stattlichen Vierseithof mit an die Straße herangezogenen Wirtschaftsgebäuden. 1878 wurden diese Gebäude in Ziegelbauweise mit hellen und roten Steinen und spitzbogig gefaßten Giebelfenstern gestaltet. Im Hintergrund steht das Fachwerkhaus von 1820 mit achteckigem Türmchen von 1933, auf dem die Wetterfahne thront. Der Hof schließt vorn mit einem schmiedeeisernen Tor zwischen profilierten Sandsteinquadern ab. Der Ort wurde in den letzten Jahrzehnten durch moderne Wohn- und Siedlungshäuser erweitert.

Die Gemeinde liegt am flachen Hang des Mühlenberges, auf dem eine Windmühle gestanden hat. Der kleine Pisserbach mündet in den Dummbruchgraben. Hier findet der Naturfreund ein ideales Wandergebiet.

Bodenstedt.

Denstorf

In einer alten Dorfchronik heißt es über das Pfarrdorf Denstorf: „In dem benachbarten Torfmoore sind früher zahlreiche Knochen und Geweihe vorweltlicher Tiere gefunden." Es handelt sich hier um Prähistorische Funde.

Denstorf, an der Aue gelegen, besaß um 1800 neben der Kirche, der Pfarre, dem Pfarrwitwenhaus und der Opferei vier Ackerhöfe, drei Halbspännerhöfe, 21 Kothöfe und 26 Brinksitzerstellen. Man zählte zu der Zeit 371 Einwohner, auf die 52 Feuerstellen kamen. Zu der Pfarre gehörten die sogenannten „Töchter" Lamme und Gleidingen. Übergeordnet war die Superintendentur mit den Dörfern Bortfeld, Denstorf, Watenbüttel, Ölper, Timmerlah, Völkenrode und Wedtlenstedt.

Das Dorf Denstorf hat in älteren Zeiten einen katholischen Archidiakon gehabt, der während der Reformation nach Hildesheim geflohen ist. Selbst um 1800 wurde der Zehnte der Feldmark von Hildesheim aus durch den Archidiakon von Denstorf eingezogen. Denstorf hatte übrigens schon immer eine ziemlich ergiebige Feldmark und früher einen recht bedeutenden Flachs- und Hopfenanbau. Die Holzungen im Denstorfer Holze lieferten zu allen Zeiten wichtiges Baumaterial. Vor dem Holze befanden sich schon 1802 große Sandgruben, aus denen auch die benachbarten Dörfer ihren Bedarf decken konnten. Im Dummbruche auf der Vogtswiese wurde früher auch ein sehr guter Torf gestochen. Er enthielt mehr brennbare Stoffe, als der der Nachbargemeinden.

Urkundlich wurde Denstorf erstmals im Jahre 1022 als Dennendorf unter den Besitzungen des Michaelisklosters zu Hildesheim erwähnt. 1051 schrieb man Tenesdorp, 1235 Dinesdorp, 1251 wieder Dennesdorp. Bei Denstorf befand sich die Stätte für ein Freiengericht, dessen Grafschaftsrechte zum Abhalten eines Gerichtstages bis zum Ende des 13. Jahrhunderts die Grafen von Werningerode besaßen. Im Jahre 1175 wurde in Gegenwart des Herzogs Heinrich der Löwe und des Bischofs Adelong von Hildesheim der Erwerb von einigen Grundstücken seitens des Klosters Steterburg bestätigt.

Der Meyerhoffsche Hof, dicht neben der Kirche und mit dieser durch einen unterirdischen Gang verbunden, soll der Sage nach in katholischer Zeit von Mönchen bewohnt gewesen sein.

Das an der Bundesstraße 1 zwischen Braunschweig und Vechelde gelegene Denstorf war ursprünglich ein Einwegedorf. Später entwickelte sich der Ort zum heutigen Haufendorf. Obwohl auch in Denstorf heute viele Einwohner als Pendler in Braunschweig, Wolfsburg, Vechelde oder Salzgitter arbeiten und zahlreiche Siedlungsgebiete entstanden sind, ist der Dorfkern trotzdem charakteristisch geblieben. Das Denstorfer-Holz ist ein beliebtes Ausflugsziel.

Denstorf

Fürstenau

Mit rund 100 Einwohnern ist Fürstenau, heute ein Ortsteil von Vechelde, die kleinste Gemeinde. Kurz vor der Jahrhundertwende standen hier 13 Häuser, in denen 75 Personen lebten.

Das alte Haslere, das 1318 Siegfried von Scadewolt und 1368 Wilhelm von Uetze als herzogliches Lehen besaßen, war der Vorgänger von Fürstenau. Von der Familie Napp erwarb 1716 die Herzogin Elisabeth Sophie den „Haslerhof" für 7200 Reichstaler und ließ dort ein Lustschloß anlegen, das 1719 den Namen „Fürstenau" erhielt. Einen alten Wassergraben machte sich die Herzogin zunutze, als sie hier ihr Wasserschloß errichten ließ. Die ganze Anlage war – ähnlich wie in Vechelde – nach dem Hildesheimischen zu, also nach Nordwesten, noch durch zwei große Sperrteiche gesichert, zwischen denen die Straße von Woltorf nach Wahle auf einem leicht zu unterbrechenden Damm hindurch führte. Zugleich stiftete die Herzogin eine Kapelle und eine Schule. Bei der Kapelle war anfänglich ein eigener Prediger angestellt, später wurde sie der Pfarre in Sierße und dann der in Wahle beigelegt. Durch einen Vertrag von 1742 ging das Schloß in den Besitz des Herzogs Karl I. über, doch verblieb der Herzogin ein lebenslanges Wohnrecht. Im Jahre 1767 wurden die Güter Vechelde, Fürstenau und Sophienthal an den Herzog Ferdinand als Lehen mit der Ober- und Untergerichtbarkeit abgetreten. 1793 fielen sie an die fürstliche Kammer zurück.

In der ersten Hälfte des vorigen Jahrhunderts wurde das Schloß abgebrochen, auch die Kapelle wurde nach Beendigung des Baus der neuen Kirche abgerissen. Ein früher in der Brunnenwiese befindlicher Gesundbrunnen erfreute sich im 18. Jahrhundert eines verhältnismäßig regen Zuspruchs. 1722 hatte man hier vier Quellen entdeckt, von denen drei mineralische Zusammensetzungen zeigten.

Eine wissenschaftliche Untersuchung wurde sowohl hier wie bei den benachbarten Gesundbrunnen in Wahle und Vechelde von der Universität Helmstedt durchgeführt. Die Quellen waren sogar gefaßt. So sind auf den Plänen von 1725 und 1765 an der Straße von dem Schloß zum Mühlenhaus kleine Bauten eingezeichnet, die den Namen Brunnenhaus führten.

Das Dorf Fürstenau, so heißt es in alten Beschreibungen, liegt etwa 1/2 Fuhrwerksstunde von Vechelde entfernt. Inmitten eines Gehölzes lag das damalige Amtshaus. Anfang des 19. Jahrhunderts stand in Fürstenau neben der Kapelle die Schule. Das Konsistorium übte den Schulunterricht aus.

Fürstenau war wegen seiner Lage am Fürstenauer Holz, einem Teil der Staatsforst Sophienthal, und der Nähe des Kanals schon immer ein beliebter Ausflugsort. Von Veltenhof fährt in den Sommermonaten ein Ausflugsdampfer nach Sophienthal. Man kann die Fahrt in Fürstenau unterbrechen und nach Sophienthal wandern.

Fürstenau.

Groß Gleidingen

Um die Mitte des 18. Jahrhunderts wurde im Herzogtum Braunschweig-Wolfenbüttel, zu dem auch Groß Gleidingen gehörte, die sogenannte Generalvermessung der Feldmarken unserer Dörfer durchgeführt. Danach wurden Feldkarten gezeichnet und Feldbeschreibungen erstellt. Sie liegen im Staatsarchiv Wolfenbüttel und dienen Heimatforschern als Quelle für ihre Aufsätze und Chroniken. Für viele Dörfer wurde damals eine verbesserte Umgestaltung der Wannen und Ackerparzellen vorgenommen. In Groß Gleidingen wirkte sich das so aus, daß die Zahl der Ackerparzellen von 512 auf 142 zusammengestrichen wurden.

Das Kirchdorf Groß Gleidingen liegt an der Aue. In dem Güterverzeichnis der Abtei Fulda aus dem 9. Jahrhundert findet man einen Ort „Rudergletinge". Hier scheint sich der Schreiber verhört zu haben. Es muß Sudergletinge – Südgleidingen – heißen. Als Suitgledinge wird der Ort erstmals 1260 urkundlich erwähnt, die Bezeichnung Groten Gledy kommt zuerst 1570 vor.

Groß Gleidingen besitzt keinen Wald in der Gemarkung. Der Ort wird im Westen vom Zweigkanal nach Salzgitter und im Süden vom einstigen Fuhsekanal begrenzt. Das Dorf gehört zu den Siedlungen der Völkerwanderungszeit. Aus dem ehemaligen Platzdorf, an dessen Ostseite die Kirche steht, entwickelte es sich zu einem Haufendorf. In den vergangenen Jahrzehnten wurde der Ort, besonders nach Norden, durch Siedlungshäuser erweitert. Das alte Dorf wird auch heute noch von mitteldeutschen Höfen charakterisiert.

Im Jahre 1971 beschloß der Gemeinderat ein Wappen für Groß Gleidingen, das 1972 vom braunschweigischen Verwaltungspräsidenten genehmigt wurde. In Wappenbildern oder Sinnbildern soll an wesentliche Ereignisse aus der Dorfgeschichte erinnert werden. In der Wappenkunst wird das Wappenschild nach festgelegten Regeln und Formgebungen aufgeteilt. Eine ist die sogenannte „Deichsel". Ein schmales, silbernes Band bildet ein von den Ecken ausgehend blaues Dreieck. Dann teilt es das Wappen in eine goldene Hälfte mit einer blauen Flachsblüte und eine rote mit einem nach unten gerichteten Horn.

Das sich gabelnde Silberband ist ein Sinnbild. Es soll aussagen, daß Groß Gleidingen einst ein wichtiger Verkehrsknotenpunkt war. Hier gabeln sich die Eisenbahnstrecken von Braunschweig nach Hannover und Hildesheim. Die blaue Flachsblüte im goldenen Teil erinnert an den früheren, ertragreichen Flachsanbau und die Landwirtschaft. Das Horn im roten Feld ist aus dem Wappen des Braunschweiger Patriziergeschlechts von Horneburg entnommen. Mit den Farbstellungen Rot/Gold wird auf das Bistum Hildesheim, mit Blau/Gold auf das Land Braunschweig verwiesen. Beide bestimmten die Ortsgeschichte in der Vergangenheit.

Groß Gleidingen

Klein Gleidingen

Gleidinge apud Denstorpe schrieb man unter die ersten Urkunden. Das war in den Jahren 1296 und 1326. Ostgledinge hieß der Ort im Jahre 1334, 1560 Nortgledinge, und erst 1570 Lüttken Gledy. Es muß jedoch spätestens im 9. Jahrhundert diesen Ort gegeben haben, da in den „Traditiones Fuldenses" bereits von einem Suitgledinge gesprochen wird. Der Volksmund sagt noch heute meist Gleie.

Ursprünglich war Klein Gleidingen ein Einwegedorf, es hat sich in den vergangenen 200 Jahren zu einem kleinen Haufendorf entwickelt und in den letzten Jahrzehnten nach Norden bis zur Bundesstraße 1 ausgeweitet. Das Dorf gehört heute zur Gemeinde Vechelde.

Klein Gleidingen gehörte mit zu dem Amt Eich, dessen Grenze mit der Stadt Braunschweig durch Landwehren bezeichnet waren. Das gesamte Amt Eich hieß in älteren Zeiten das Burgamt und umfaßte einen Teil des Liergaues. Es gehörte somit zu den alten Stammesgütern der Brunonen. Heinrich der Großmütige brachte dieses Gebiet durch seine Heirat mit Lothars Erbtochter 1127 an sein Haus. Das Amt erstreckte sich von der Westseite der Oker bis an das Stadtgericht Braunschweig, grenzte im Süden an die Vogtei Leiferde, im Westen an die Gografschaft Sauingen oder Landvogtei Bettmar und an das Gericht Vechelde, sowie im Norden an das Gericht Wendezelle.

Die Landwehren gehörten auch in den Gerichtsbezirk des Eichamtes. Sie entstanden im Braunschweiger Land seit der Mitte des 14. Jahrhunderts in Übereinstimmung mit den Welfenherzögen, dem Blasiusstift und dem Kloster Riddagshausen. Parallel laufende Gräben und Wälle, bepflanzt mit Bäumen und Strauchwerk und Türme an sich kreuzenden Straßenzügen sollten die städtischen Weiden schützen und plötzliche Überfälle verhindern. Drei, oftmals vier Gräben wurden in unserer Gegend zum Schutze angelegt. Die genaue Grenze war nach der Resolution vom 23. Juli des Jahres 1725 an den beiden Seiten 18 Fuß von der Mitte des äußeren Grabens.

Klein Gleidingen wird in frühen Aufzeichnungen als ein altes Dorf nahe Denstorf beschrieben. Es liegt 1 Fuhrwerkstunde von Braunschweig entfernt. Zunächst gab es weder eine eigene Kirche noch Schule. Man hatte sich mit Denstorf zusammengetan. Im Amt Vechelde gab es übrigens sechs Dörfer ohne eine eigene Kirche. Die alte Familie von Wallmoden besaß in Klein Gleidingen einen Schriftsassenhof. Deren Wappen ist noch an der Kirche zu Denstorf zu sehen. Es gab im Dorf, etwa um 1800, drei Ackerhöfe, vier Halbspännerhöfe, einen Kothof und zwei Brinksitzerstellen sowie eine Windmühle vor dem Dorfe. Zu der Zeit zählte man 110 Einwohner mit insgesamt 13 Feuerstellen. Um 1870 ist das Gut aufgeteilt worden und die Gutsgebäude etwa 20 Jahre später abgebrochen.

Klein Gleidingen

Köchingen

Der Gutshof am Ortseingang an der von Vechelde kommenden Straße wurde im Jahre 1995 restauriert. Das Gutshaus zeigt die nebenstehende Zeichnung. Das Pfarrdorf Köchingen, an der Aue gelegen, gehört heute zur Gemeinde Vechelde. Urkundlich wird das Dorf erstmals im Jahre 1170 als Cogginge erwähnt. Cochonghe (1240), Cochinge und Kochinghe (1307) waren weitere Schreibweisen in alten Urkunden. In dem sogenannten „Kleinen Dorfe", einer Flurbezeichnung nördlich von Köchingen gelegen, soll der Sage nach ein im Dreißigjährigen Krieg zerstörtes Dorf gestanden haben, über das man aber nichts genaues weiß. In jener Zeit sind im gesamten Kreis eine große Anzahl von Dörfern nach Verwüstungen aufgegeben worden.

Köchingen gehörte zum ehemaligen Residenzamt Wolfenbüttel. Das im Volksmund Köchy oder Köchich genannte Pfarrdorf liegt, nach einer alten Entfernungsangabe, drei Fuhrwerksstunden von der Residenzstadt Wolfenbüttel entfernt. Um 1800 gab es in dem Ort neben der Kirche die Pfarre, das Pfarrwitwenhaus und die Opferei, neun Halbspännerhöfe, zehn Kothöfe und acht Brinksitzerstellen. 227 Einwohner lebten zu der Zeit hier im Dorf. Die Pfarre war zugleich mit der von Liedingen verbunden. Sie besetzte der Landesherr und die Familie von Cramm wechselweise, den Opfereidienst der Prediger, der auch für die Schulstelle zuständig war. Die Superintendentur war in Thiede. Eine Besonderheit war eine von Pferden angetriebene Ölmühle. Durch die fortschreitende Industrialisierung im vorigen Jahrhundert wurde sie unrentabel und stillgelegt. Die Einwohner Köchingens galten im allgemeinen als recht wohlhabend. Die Feldmark brachte den Bauern zu allen Zeiten sehr gute Erträge.

Köchingen ist heute ein Zweiwegedorf, das sich aus einem Einwegedorf entwickelt hat. Bis auf wenige moderne Siedlungshäuser hat sich das Dorfbild mit seinem bäuerlichen Charakter weitestgehend erhalten. Das letzte sächsische Haus in Köchingen ist das im Jahre 1729 erbaute Haus Nr. 6, in dem um 1800 der Schuster Leberkühn wohnte. Der Ort ist heute Mittelpunkt des Reitsports, hier ist der Reit- und Fahrverein Vechelde und Umgebung ansässig.

Für den Durchreisenden bieten die stillen Dorfstraßen einen idyllischen Anblick. Aber auch die nähere und weitere Umgebung ist des Anschauens wert. Spaziergänge im Auetal oder entlang des Dummgrabens können sehr reizvoll sein. Aber auch die Landschaft zwischen dem Dorf und Sonnenberg ist abwechslungsreich. Und wer besonders gut zu Fuß ist, der kann über Sonnenberg zum Zweigkanal, von dort nach Vechelde und wieder zurück zum Ausgangspunkt Köchingen wandern. Reizvolle Fleckchen Erde in einer wald-, felder- und wiesenreichen Umgebung sind ausreichend vorhanden.

Köchingen

Liedingen

Der Sage nach soll Liedingen einst am sogenannten Totenkamp gelegen haben, aber irgendwann in ihm versunken sein. Nur ein auswärts arbeitender Mann konnte sich retten und wurde zum Gründer des heutigen Dorfes. Im Ortsverzeichnis des Klosters Corvey aus dem 10. Jahrhundert wird ein Dorf Lithingi aufgeführt. Es könnte schon das 1146 mit Sicherheit beurkundete, heutige Dorf Liedingen gewesen sein. Am 1. April 1974 schlossen sich 17 selbständige Gemeinden, darunter auch Liedingen, zur Einheitsgemeinde Vechelde zusammen. Mit rund 15.600 Einwohnern ist sie nun die größte im Landkreis Peine.

Einst war Liedingen ein Kapellendorf. Es gehörte als Filial zur benachbarten Pfarre Köchingen. Ein großes Unglück traf die Einwohner, als am Weihnachtsabend des Jahres 1492 die Söldner der Stadt Braunschweig das Dorf plünderten und niederbrannten. Um 1800 konnte Liedingen zu den stattlichen Dörfern gezählt werden. Neben der Kirche gab es das Pfarrhaus, ein Pfarrwitwenhaus, die Opferei, die das Konsistorium besetzte. Dazu kamen acht Halbspännerhöfe, 24 Kothöfe und elf Brinksitzerstellen. Etwa 300 Einwohner lebten zu dieser Zeit hier. Sie lebten hauptsächlich von der Landwirtschaft und der Viehzucht.

Am Nordrand des Ortes fällt ein großer Hof auf. Das Herrenhaus ist im klassizistischen Stil des 19. Jahrhunderts erbaut, dem sich dreiseitig Wirtschaftsgebäude anschließen, die um 1880 entstanden sind. Das Wohnhaus ist ein zweigeschossiger Massivbau, im Erdgeschoß als Quadermauerwerk verputzt. Die West- und Ostseite ist durch ein Mittelresalit mit Giebel betont. Im Obergeschoß finden sich korrinthische Pilaster, in den Fensterbereichen Putzornamente.

Zwischen Liedingen und Bettmar befinden sich die Holzungen, in denen früher vorwiegend Eichen, und am Ortsrand auch Eschen standen. Wenn die Bauern erfahren wollten, wie das Wetter im Sommer wird, so beobachteten sie den Wald. Welche Baumart bekam als erste Blätter? Daraus konnte man auf das Wetter des kommenden Sommers schließen. In einem Vers ausgedrückt lautet es:

„Kummt de eike vor de esche,/ Hält de himmel grote wäsche.

Kummt de esche vor de eike,/ Hält de himmel grote bleike."

Man kann auch heute selbst noch überprüfen, ob die Volksweisheit eine zutreffende Aussage macht.

Ursprünglich ein Einwegedorf, entwickelte sich Liedingen im Laufe der Jahre zu einem Haufendorf. In jüngster Zeit erweiterte sich der Ort vor allem im Norden durch Siedlungshäuser und Bungalows. Mitteldeutsche Höfe, zum Teil der sogenannte „Erkeroder Typ", sowie Landarbeiterhäuser prägen das Dorfbild.

Liedingen.

Sierße

In der Gemarkung des Dorfes Sierße könnten Reichsstreitigkeiten vor Ort entschieden worden sein. Man vermutet, daß es vor dem Sierßer-Holz eine Gerichtsstätte gab. Beurkundet wird 1152 die Zuteilung Sierßes zum Halbgericht Bettmar.

Das Dorf Sierße liegt an der großen Handels- und Heerstraße von Hannover nach Braunschweig. Wann der erste Siedler sich hier niederließ, kann sich nicht ermitteln lassen. Im Umkreis des Dorfes müssen aber schon Germanen gesiedelt haben, denn 1746 fand man bei Sierße ein kleines Schälchen mit Henkeln germanischen Ursprungs. Es wurde im Königlichen Museum Vaterländischer Altertümer im Schloß Monbiju in Berlin ausgestellt.

Die wahrscheinliche Deutung des Ortsnamens führt uns in die Mitte der frühgeschichtlichen Zeit, in die Zeit der Völkerwanderung (300-500 n. Chr.). Für das hiesige Gebiet ist in dieser Völkerbewegung kennzeichnend, daß das große Reich der Thüringer von den aus Norden kommenden Sachsen bedroht und um 531 zerstört wurde.

Im Jahre 1182 wird der Ort in einer Urkunde als Sigerdessen genannt. Die Endung -esse bedeutet Heim, Sigerd ist ein alter Name. Dieser Mann könnte der erste Siedler gewesen sein. In der Steterburger Chronik, den „Annales Steterburgensis", gebraucht ihn ein Lehnsmann Heinrichs des Löwen als Nachnamen. Der Ministerial Bertholdus de Siggerdessen schenkte aus seinem Besitz der Kirche in Steterburg eine Hufe zu Machtersen, verbunden mit dem Auftrag, für sein Seelenheil zu beten.

Daß Sierße schon früh eine Kirche besaß, läßt sich aus einer Urkunde von 1301 schließen, in der ein plebanus aufgeführt wird. Er unterstand dem 815 gegründeten Bistum Hildesheim. In einer Urkunde von 1353 verpflichten sich 33 Pfarrer dem Herzog Magnus von Braunschweig Seelenmessen zu lesen. Das Siegel des Pfarrers von Sierße hängt mit an diesem Dokument. Im Mittelalter änderte sich die Schreibweise des Ortsnamen häufig. Beurkundet wird, daß der Bürgermeister des Stadtteils Sack in Braunschweig die Geschicke der Stadt von 1376 bis 1394 mitbestimmte und sich nach seinem Geburtsort Hermann von Syrdesem nannte.

Das Dorfbild zeigt meist kleine Höfe mit mitteldeutschen oder sonst niederdeutschen Haus- und Hofformen. In den vergangenen Jahrzehnten ist der Ort wesentlich größer geworden. Eigenheime und zweigeschossige Reihenhäuser entstanden vorwiegend im Osten und Norden des alten Dorfes.

Im Jahre 1981 wurde in Sierße ein Ideenwettbewerb für die Gestaltung eines Ortswappens durchgeführt. Der Ortsrat entschied sich für ein Wappen in den Farben Blau und Gold, die an die jahrhundertelange Zugehörigkeit zum früheren Land Braunschweig erinnern sollen. Auf dem gespaltenen Schild ist ein Kesselhaken in gewechselten Farben zu sehen.

Sierße

Sonnenberg

Ob es in Sonnenberg einst eine Burg gegeben hat, konnte bis heute nicht geklärt werden. Der Landeshistoriker und ehemalige Oberkustus Dr. Hans-Adolf Schultz, dessen herausragender Schwerpunkt die Erforschung mittelalterlicher Burganlagen war, schloß das nicht aus, konnte bei entsprechenden Grabungen aber auch keine Beweise erbringen.

So ist es auch nicht verwunderlich, daß man in dem Buch „Braunschweiger Volkskunde" von Richard Andree unter dem Stichwort Sonnenberg den Hinweis „Siehe unter -burg" findet. Dieses -burg, im niederdeutschen -borg, bedeutet das Schloß, die Burg. Die Orte mit dieser Bezeichnung gehören zu den jüngeren, die um eine bereits bestehende Burg und in deren Schutz standen. In frühen urkundlichen Erwähnungen um 1200 finden wir die Schreibweise Sunnenborc, später dann Sunnenberc. 1237 heißt es dann Sunnenberge. Da das Dorf aber in der Ebene liegt, ist -berg auszuschließen. Etymologisch gehören die Namen -berg und -burg aber zusammen, so daß man davon ausgehen kann, daß ein gewisser Sunno als einer der ersten Siedler einen befestigten Hof gebaut haben wird.

Das Kapellendorf Sonnenberg war einst nach Timmerlah eingepfarrt. Die Schulstelle besetzte das Konsistorium. Das frühere Einwegedorf wurde schon im 9. Jahrhundert erwähnt; es entwickelte sich schließlich zu einem größeren Haufendorf, das um die Jahrhundertwende bald 400 Einwohner zählte.

Der Ort hatte eine fruchtbare Feldmark, auf der besonders stark der Flachsanbau betrieben wurde. Einst war der Flachsanbau in unserer Region weit verbreitet und wogende blaue Flachsfelder erfreuten das Auge. Heute ist ein Flachsfeld eine Ausnahmeerscheinung, obwohl der Flachsanbau wieder an Bedeutung zu gewinnen scheint. Noch Anfang des 19. Jahrhunderts konnte gesagt werden, der Flachs mache den „Hauptgegenstand der Nationalindustrie" aus und in keiner Gegend Niedersachsens wurde so viel Fleiß und Mühe auf dieses Erzeugnis verwendet, wie im Braunschweigischen. Und so kam es, daß alt und jung, „selbst angesehene Frauenzimmer", zu Spinnen begannen.

Mitte des 18. Jahrhunderts wurde der Flachsanbau von der Regierung sogar gefördert. Es erscheinen volkstümliche Belehrungen über den Anbau, und in Dorfbeschreibungen mußte vermerkt werden, wie es um den Flachsanbau stehe und ob Leinweber im Dorfe ansässig waren. Die Leinweber waren allerdings keine angesehenen Leute. Man setzte sie gleich mit „Schindern" und „Tatern", also mit „unehrlichen" Leuten. Am 14. Mai 1729 wurde schließlich eine Verordnung erlassen, wonach Leinweber zu achten seien.

Die nebenstehende Zeichnung zeigt das Dorf am Stichkanal nach Salzgitter. Einen Hafen hat Sonnenberg aber nicht.

Krieg
Sonnenberg.

Vallstedt

Unbekannt ist, wann das Dorf Vallstedt gegründet wurde. Aber daß in seiner Gemarkung Menschen schon in der Altsteinzeit lebten, beweisen Ausgrabungen. 1952 bestätigten Funde bei Lebenstedt, daß Mammutjäger sich hier aufhielten. Unbeantwortet bleibt, ob es einen Ortsgründer gab und wann Vallstedt entstand. Die Ortsgeschichte erhellt sich mit Nachrichten aus alten Urkunden und schriftlichen Aufzeichnungen.

Das Pfarrdorf Vallstedt wird als „maior Veledstide", Groß Vallstedt, um 1200 unter den Besitzungen des Stiftes St. Cyriaci bei Braunschweig erwähnt. Das Stift wurde 1068 gegründet. Im Zeitraum weniger Jahrzehnte hätte sich das Dorf nicht zu dieser Größe entwickeln können. Es muß demnach schon vor der Gründung des Stiftes existiert haben. Die Bezeichnung Groß Vallstedt betont den Unterschied zum gleichzeitig genannten „minor Velestide", Klein Vallstedt. Dieser bereits im Mittelalter verschwundene Ort lag nördlich vom heutigen Vallstedt. 1317 erwarb das Cyriacusstift die Gerichtsbarkeit über den Ort. Ausgenommen war der sogenannte Blutbann, eine Bezeichnung für die Gerichtsbarkeit, die über Leben und Tod der Untertanen entschied. Ursprünglich nur dem Kaiser oder König zustehend mußte der Blutbann Territorialherren besonders verliehen werden. Später, mit dem Erstarken der Landeshoheiten und auch Reichsunmittelbarkeiten, wurde er allgemein eingeräumt.

Die Pfarre Vallstedts wurde einst von dem Cyriaksstift vergeben, die Opferei vergab der Prediger. Das Cyriaksstift besaß im Dorfe seit 1317 verschiedene Stiftsgüter, halbeigene und Erbenzinsgüter. Über den eigentlichen Stiftsgüterstand wachte eine Zivilgerichtsbarkeit. Diese Vereinbarung wurde in einem Vergleich am 11. November 1681 und am 31. Mai 1687 mit dem Residenzamt getroffen. Alle Hoheits-, Polizei- und Gemeindesachen gehörten zu dieser Zeit aber vor das Residenzamt in Wolfenbüttel.

Wie viele Dörfer hatte auch Vallstedt ein wechselvolles und leidvolles Schicksal zu ertragen. 1492 plünderten Braunschweiger Söldner das Dorf und zerstörten es zum Teil. 1606 wiederholte sich das Geschehen in gleicher Härte.

Das Wappen von Vallstedt zeigt im linken Feld eine Linde mit neun Blättern, entsprechend den neun Buchstaben des Ortsnamens. Im rechten oberen Feld erkennt man die lebenspendende Sonne über dem Pflug, und im dritten Feld befindet sich eine Bärentatze. Diese, dem Wappen des Geschlechts derer von Vallstedt entnommen, soll die geschichtliche Tradition aus den Anfängen des Dorfes unterstreichen. Die Vorfahren dieses angeblich im 18. Jahrhundert ausgestorbenen aus Vallstedt stammenden Geschlechts hatte sich dieses Wahrzeichen der Tapferkeit und Kühnheit gewählt.

Vallstedt
Krieg 95

Vechelade

Der frühere Braunschweiger Stadtheimatpfleger Dr. W. Bornstedt hat nach alten Flurkarten und Ortsbeschreibungen eine Karte von Vechelade und Wahle gezeichnet, die den Zustand von 1755 zeigt. Darauf ist gut zu erkennen, daß der Ort Vechelade auf einer im Auebruch gelegenen Halbinsel entstanden ist, die früher mit Eichen bestanden war. Der Ort bestand ursprünglich aus zwei Straßen, die im Winkel zusammenstießen. Durch Zuwanderung entstand später ein großes Dreieck, dessen Mitte zunächst von Gärten, später auch Wohngebäuden eingenommen wurde.

Am Ende des Dorfes Vechelde ließ die Herzogin Sophie 1723 eine Kolonie für arme Tagelöhner anlegen. Es waren zunächst 23, später 29 im Halbkreis aneinander gereihte Häuser. Der Weiler erhielt den Namen Vechelade. In einer Dorfbeschreibung von 1755 ist die Rede von einem „neuen Dorf Vechelade". Die Häuser waren mit Stroh gedeckt und hatten bis auf das Haus Nr. 24 keinen Schornstein. Der Rauch suchte sich seinen Weg durch die Giebelöffnungen. Die nebenstehende Zeichnung zeigt, wie die Siedlung ausgesehen haben könnte.

Zu den Häusern gehörte weder Ackerland noch Wiesen. Die Bewohner besaßen lediglich kleine Hausgärten. Das Vieh, meist besaß man nur eine Kuh, wurde gemeinsam auf einer Vechelder Weide gehütet. Die Tagelöhner mußten wöchentlich einen Tag Handdienste auf dem Gutshof in Vechelde leisten. Der Haupterwerb der Vechelader war neben den Hilfstätigkeiten in der Landwirtschaft das Spinnen. Die Schafherden weideten damals am Kranichberg, der sich unweit des Dorfes aus der Landschaft erhebt.

Herzog Ferdinand, von 1767 bis 1792 Gutsherr von Vechelde, widmete der Kolonie seine besondere Fürsorge, so daß er vielfach für den Begründer gehalten wird. Nach dem Ende der fürstlichen Hofhaltung in Vechelde hatten die Bewohner in Vechelade um ihr Dasein zu ringen. Erst kurz vor der Jahrhundertwende, nach der Anlage der Zuckerfabrik und der Jutespinnerei in Vechelde, bekamen die Bewohner Gelegenheit zu einem lohnenden Verdienst.

Der Weiler Vechelade besitzt weder Kirche noch Schule. In dem Buch „Braunschweiger Volkskunde" von dem Volkskundler Richard Andree ist erwähnt, daß es um 1800 hier 29 Brinksitzerstellen in der Kolonie gab. 163 Bewohner zählte man zu dieser Zeit. Das Dorf bestand aus zweigeschossigen Arbeiterhäusern und einige kleine mitteldeutsche Streck- und Hakenhöfe. In jüngster Zeit sind moderne Eigenheime und Wohnhäuser hinzugekommen.

Vechelade liegt zwischen zwei Wassern. Zum einen fließt die Aue durch die Gemarkung, zum anderen der Zweigkanal, der in Hallendorf beginnt und kurz hinter Bortfeld in den Mittellandkanal mündet.

Vechelade

Wahle

Das Pfarrdorf Wahle liegt an der Aue. Es wurde urkundlich zuerst 1141 als Walethe erwähnt. In Urkunden im 13. und 14. Jahrhundert wird eine Familie von Wahle genannt. Im Jahre 1226 wurde ein Ort Walete minor erwähnt. Dieses Dorf ist wüst geworden. Der Grund dafür ist nicht bekannt. Seine Feldmark wurde mit der von Wahle vereinigt.

Wahle ist eines der ältesten Dörfer im Landkreis Peine. Heute ein Haufendorf, ist seine Uranlage schwer zu ermitteln. Es wird vermutet, daß Wahle um 1400 auch Bauern aus Vechelde aufnahm, nachdem Burg und Dorf Vechelde an die Stadt Braunschweig verpfändet worden war. Im Jahre 1605 wurde das Dorf von Söldnern der Stadt Braunschweig überfallen und ausgeraubt. Selbst die Kirchenglocken und die Turmspitze des Gotteshauses wurden mitgenommen.

Wahle war früher das reichste Dorf in der ganzen Landvogtei Bettmar, wozu es gehörte. Das Dorf liegt, nach alten Angaben gemessen, 4 Fuhrwerksstunden von Wolfenbüttel entfernt.

Besonders im 17. Jahrhundert war Wahle wegen seiner Heilquellen berühmt. Tausende Kranke besuchten, wie es in einer frühen Ortsbeschreibung heißt, den Heilbrunnen. Zeugnisse der Heilung waren die Krücken, die die Geheilten nach Dankgebeten in der Kirche zurück ließen. Auch die Gemahlin des Herzogs Heinrich Julius hat die Quelle mit Erfolg besucht. Zum Dank ließ sie den 1605 von den Braunschweigern zerstörten Altar wieder herstellen. Auch zwei wertvolle Gemälde soll sie zum Gedächtnis der Kirche gestiftet haben. Allmählich verlor sich die Kraft des Brunnens, und Anfang des 18. Jahrhunderts war er ausgetrocknet.

Um 1800 bestand Wahle neben der Kirche, der Pfarre, dem Pfarrwitwenhaus und der Opferei aus 14 Halbspännerhöfen, elf Kothöfen und zwölf Brinksitzerstellen. Etwa 300 Einwohner zählte der Ort zu jener Zeit. Zu der Pfarre, die vom Dekan des Cyriaksstiftes besetzt wurde, so wie der Opferei, die vom Konsistorium vergeben wurde, gehörten Fürstenau und Sophienthal als „Töchter". Mitteldeutsche Dreiseit- und Hakenhöfe, Reste von Niedersachsenhäusern, teilweise um- und angebaut, und als Mischform quergestellte Hallenhäuser, sogenannte Querdälenhäuser, setzen das Dorfbild zusammen. In den letzten Jahrzehnten erweiterte sich das Dorf nach Osten und Norden durch moderne Eigenheime, Bungalows und Siedlungshäuser.

Über alles ragt die Kirche, die im Kern romanisch-gotisch ist. Wann das Gotteshaus erbaut wurde, ist nicht belegt. Sie besteht aus Chor, Schiff und Turm, und wurde vermutlich dem hl. Martin geweiht. Das Kirchenschiff ist mit dem Turm im Süden bündig, im Norden etwas breiter. 1779 wurde die Kirche restauriert. Bei dieser Gelegenheit wurden die großen Fenster eingebaut.

Wahle

Wedtlenstedt

Graf Dietrich II. von Northeim (+1085), Gemahl der Gräfin Gertrud von Braunschweig, schenkte die Kirche zu Wettlenstede mit ihren Gütern dem von ihm gestifteten Kloster Kaltenburg. Als 1383 die Dorfkirche größtenteils zerstört war und selbst der noch erhaltene Teil täglich einzustürzen drohte, verkaufte das Kloster die Besitzungen und Gerechtsame an das Kreuzkloster zu Braunschweig.

Die Gerechtsame ist ein Ausdruck für rechtliche Befugnisse verschiedener Art, in diesem Fall Rechte, die dem jeweiligen Besitzer eines Gutes als solchen zustehen, das waren beispielsweise die Schäfereigerechtigkeit, die Fischereigerechtsame, Wege-, Weide- oder Fahrgerechtigkeit.

Dem Ministeriale des Pfalzgrafen Heinrich, seinem Lehnsmann Berthold, wird in einer Urkunde um 1226 der Ortsname „de Witlinstede" beigefügt. Die Besitzungen dieses Dienstadels bestanden aus 13 Hufen. Es ist die erste Nennung des Ortsnamens. Er wandelte sich zu Weddelstedt und in der Nachfolgezeit zu Wedtlenstedt.

Dieses Adelsgeschlecht derer von Wedtlenstedt konnte seinen Besitz nicht halten und verkaufte ihn bereits 1270 dem Kreuzkloster. Es bewirtschaftete den Hof als Vorwerk und später als Klosterdomäne. Nach deren Auflösung im Jahre 1884 wurden die Ländereien an Landwirte in Wedtlenstedt, Vechelade und Nachbardörfer in Einzelpacht vergeben.

Wedtlenstedt ist ein altes Pfarrdorf mit Kirche, Pfarre, Pfarrwitwenhaus und der Opferei. Um 1800 standen hier ferner ein Ackerhof, zwei Halbspännerhöfe, elf Kothöfe und 11 Brinksitzerstellen. 198 Einwohner zählte man zu dieser Zeit. Die Pfarre vergab der Landesherr, die Opferei das Kreuzkloster. Kirchlich gehörte der Ort zur Superintendentur Timmerlah. Der dem Kreuzkloster zugehörige Klosterhof war ein Ackerhof, zu dem auch die recht bedeutsame Schäferei und zwei Fischteiche gehörten.

Das alte Dorf wurde von mitteldeutschen Dreiseit- und Hakenhöfen, deren Wohngebäude vielfach Südlage aufwiesen, geprägt. Leider wurden viele Höfe in Wedtlenstedt umgebaut. Im benachbarten Denstorf haben sie sich länger im Originalzustand gehalten.

Heute hat der Ort durch die Nähe Braunschweigs und der Bundesstraße seine einstige Abseitslage verloren. Die Anlagen der Doppelschleuse am Zweigkanal nach Salzgitter ist ein interessanter Anziehungspunkt für Ausflügler.

In der Sammlung von volkstümlichen Reimen von O. Schütte, gedruckt 1898, ist auch Wedtlenstedt aufgeführt. Zwei Spottverse sind überliefert: „In Wedtlenstedt, da sind de mäkens nett" und „Mäken, wenn die frîen wut, dan frîe du den pâpen, dann kannste lange slâpen."

Krieg 95
Wedtlenstedt.

Wierthe

Der Ort wird erstmals 1178 als Wirite genannt. Die Endung -thi, die auch bei Wierthe zugrunde liegt und sehr häufig in sächsischen Ortsnamen vorkommt, gehört zu den ältesten, die wir kennen. Diese Wortbildung ist wesentlich über die friesisch-sächsisch-thüringischen Gegenden verbreitet, auch in unserer Region. Wierthe war einst ein kleines Einwegedorf. Es besaß Anfang des 19. Jahrhunderts gerade 150 Einwohner. Die Feldmark galt als eine der besten im Lande und lieferte feinen, langen Flachs.

Über dem nördlichen Eingang der Kirche ist eine Kanonenkugel eingemauert, die wahrscheinlich bei einem feindlichen Überfall zur Zeit des Dreißigjährigen Krieges hier einschlug.

Im Jahre 1849 eröffnete die erste Zuckerfabrik unserer Heimat in Üfingen. Wenige Jahre später, 1866, folgte man in Wierthe diesem imposanten Beispiel. Die Gründungsversammlung fand am 7. Januar 1866, nachmittags 2 Uhr in Wierthe, „in dem auf dem Hofe assec. 14 des Gastwirths und Halbspänners Heinrich Lages erbaueten Saale" statt. Zu ihr war auch der Herzoglich-Braunschweigische Notar Carl Engelbrecht von Andreas Meyerhoff geladen, „um das Protokoll der Constituierung amtlich zu fertigen".

Zwanzig Fabriken wurden zu dieser Zeit in der Umgebung Braunschweigs gegründet. Deshalb entstanden Maschinenbaubetriebe in und um Braunschweig, die sich auf die Einrichtung von Zuckerfabriken spezialisierten. Aber auch für die Landwirtschaft bedeutete der Zuckerrübenanbau eine gewaltige Umstellung und neue Erwerbsquelle.

Was der Geist von Wierthe mit der dortigen Zuckerfabrik zu tun hat, erzählte Rudolf Paes immer wieder in geselliger Runde: „Als der Geist 'Diderik's fan Wirten', der am Tag mit der Unglückszahl 13 des Februarius anno 1493 in der Schlacht im schröcklichen Dumm-Bruch des Herzogs Banner inmitten seiner oftmals von den Mordbrennern der aufsässigen Stadt heimgesuchten Bauern gegen diesen städtischen Haufen hielt und dafür von einer Stück-Kugel den Kopf abgerissen bekam, zum 373sten Male dieses unglückseligen Tages nächtens Klocke zwölfe um seinen Stammsitz schwebte – ruhelos, weil sein und seiner Mitstreiter erschlagene Körper nach der verlorenen Schlacht drei Tage lang den Krähen zum Fraß verblieben -, hielt er baßerstaunt inne und setzte darob, erstmals gegen die Geistervorschrift, den unter'm Arm getragenen Kopf an seinen ursprünglichen Platz auf dem inzwischen arg verrosteten Harnisch: Da lag an der im Mondschein blinkenden Aue neben dem friedlich schlummernden Dörfchen der 'Weiert'schen Sauerkuhlsbauern' ein aus etzlichen Öffnungen Feuer zeigendes, dampfendes Ungetüm! Das war die Zuckerfabrik, die neben dem einstigen bäuerlichen Stammsitz dieses wackeren herzoglichen Streiters gegründet und zur ersten Campagne in Betrieb gesetzt war!"

Alvesse 2 km
Wierthe
Krieg
95.

Wendeburg

Die Gemeinde Wendeburg ist im Zuge der Gebiets- und Verwaltungsreform in Niedersachsen am 1. März 1974 gebildet worden. Zehn ehemals selbständige Gemeinden haben sich damals zusammengeschlossen: Bortfeld, Harvesse, Meerdorf, Neubrück mit Ersehof, Rüper, Sophiental, Wense, Wendeburg mit Wendezelle und Zweidorf. Die Gemeinde Wendeburg hat heute knapp 9000 Einwohner. Sie bietet sich wegen ihrer reizvollen Landschaft als bevorzugtes Wohngebiet an. In den Waldgebieten um Sophiental, Tadenser Forst und Meerdorfer Holz kann man Ruhe finden und sich entspannen.

Schon früher, als die einzelnen Gemeinden bis auf Rüper und Wense noch zum Landkreis Braunschweig gehörten, gab es einen Zusammenschluß von Wendeburg, Wendezelle und Zweidorf.

Über die Anfänge von Wendeburg sind sich die Historiker nicht einig. Während die einen meinen, daß hier der Volksstamm der Wenden gesiedelt und der Ort seinen Namen daher bekommen habe, sagen die anderen, daß ein Siedler Wend oder Wendo in einer frühen Siedlungsepoche hier eine Burg errichtet hat, um die sich dann Bauern angesiedelt hätten. Das ist zum Beispiel auch die Meinung von dem Volkskundler Richard Andree. Der Historiker Lambrecht meint hingegen in seinem 1863 erschienenen Buch „Das Herzogthum Braunschweig": „Der Ort, welcher einst vielleicht Wenethenborch hieß, war ein befestigter Punkt, von wo aus die bis hierher gekommenen Wenden weiter nach Braunschweig vordrangen. Vielleicht wurden die im Vaterlande vorhanden gewesenen Wenden-Colonien auch von Carl dem Großen oder Heinrich den Löwen hierher versetzt. Daß diese aus eigener Macht sich hier angebaut, ist bei der Erbitterung, die zwischen ihnen und den germanischen Stämmen herrschte, wohl nicht anzunehmen." Die Bezeichnung „der deutsche Damm" in der Feldmark bei Wendeburg gibt den Historikern ebenfalls Rätsel auf und bringt auch dieses Gebiet mit den Wenden in Zusammenhang. Viele Historiker sind der Ansicht, daß dieser „Damm" ebenfalls auf eine wendische Siedlung hinweise.

Rund 40 Jahre später hat Richard Andree 1901 die bis dahin wohl allgemein gültige und von ihm selbst vorher vertretene Ansicht von der wendischen Herkunft der Dörfer Wendeburg, Wendezelle und auch Wenden bei Braunschweig sowie Wendhausen als irrig bezeichnet, weil er dort die von ihm als typisch wendisch angesehenen Merkmale, die Rundlingsanlage des Dorfgrundrisses, nicht fand. Heute wissen wir, und darüber hat der Braunschweiger Volkskundler Dr. Werner Flechsig oft referiert, daß nicht einmal die Rundlingsanlage und die Zehntfreiheit eine Siedlung als wendisch ausweisen müsse.

Das an der Aue liegende Pfarrdorf Wendeburg wird urkundlich erstmals im

Wendeburg.

ausgehenden 12. Jahrhundert erwähnt. Aus dem Jahre 1170 ist die Schreibweise Winetheborg überliefert. In einer Urkunde von 1195 heißt der Ort Wenetheborch. Obwohl dieser Raum schon früher besiedelt war, gehört Wendeburg vermutlich erst zu den mittelalterlichen Rodesiedlungen. Ob hier eine Burg gestanden hat, ist noch nicht endgültig geklärt, doch aufgrund der Namensgebung sehr wahrscheinlich. Dr. Hans Adolf Schultz hat in seinem Buch „Burgen und Schlösser des Braunschweiger Landes" auch auf diese Burg hingewiesen. Die Orte mit der Endung -burg gehören zu denen, die um eine bereits bestehende Burg in deren Schutz entstanden. Reste der Burg sind hier nicht gefunden worden, dagegen scheint im Nordwesten an der ehemaligen Kreisgrenze nahe Rüper eine Grenzbefestigungsanlage, „Kinkelburg" genannt, gewesen zu sein.

Daß die Besiedlung hier im Umland schon früh eingesetzt hat, beweisen die Urnengräberfunde aus der germanischen Eisenzeit. Unweit des Vogtbruches soll das Dorf Koppelse gelegen haben, ein Dorf, das aber als Wohngebiet aufgegeben wurde. Urkundlich ist es nicht belegt.

Wendeburg war immer wieder Ziel von kriegerischen Überfällen. In den Jahren 1492, 1550 und 1602 ist das Dorf überfallen und ausgeraubt worden. Beim letzten Überfall wurde selbst die Kirche nicht verschont.

Um 1800 besaß das Dorf neben der Kirche, Pfarre und Pfarrwitwenhaus, die Opferei, das war das Haus des Küsters, 20 Kothöfe und 17 Brinksitzerstellen. Etwa 250 Einwohner zählte man zu dieser Zeit und immerhin schon 51 Feuerstellen. Die nahegelegenen Dörfer Wendezelle und Zweidorf waren in die Wendeburger Kirche eingepfarrt.

Der Landesherr setzte den Pfarrer ein. Für die Opferei war die Kirchenverwaltung, ein Konsistorium zuständig. Verantwortlich war eine Superintendentur, unter der die Pfarren von Wendeburg, Bettmar, Wahle, Meerdorf und Duttenstedt standen. Im 15. Jahrhundert befand sich im Dorf ein adliger Hof, der der ausgestorbenen Familie von Hundt (Hund) gehörte und deren Ländereien zum größten Teil nach Wendezelle verkauft worden sind. An der Kirche von Wendeburg befindet sich ein Wappen, das man lange Zeit als das der Familie von Hundt angesehen hatte. Die Jahreszahl 1439 und der Hundskopf sollten das belegen. In der Zwischenzeit nimmt man aber an, daß es sich um den Wolfskopf handelt. Und den hat man im Wappen übernommen.

Aus Wendeburg ist uns eine Beschreibung der früher im ganzen Land begangenen Johannisfeier überliefert. Das Johannisfest am 24. Juni war ursprünglich das Fest der Sommersonnenwende, auf welches die christliche Kirche den Tag Johannes des Täufers legte. Die alten Feuer an diesem Tage waren heidnische Reste. Sie brannten aber nur in den Dörfern, wo Osterfeuer nicht galten. Die Grenze zwischen den beiden Feuern lag im Süden des

Harzes. Die Johannisfeiern sind bei uns leider ganz verschwunden. Der Historiker O. Schütte hat in der Zeitschrift des Vereins für Volkskunde 1899 folgendes veröffentlicht: „Im Dorfe Wendeburg wird das Johannisfest noch von den Alten gefeiert und der 'Johannich' begraben. (Umzug mit einem hölzernen Kreuze, das man in einer Grube vergräbt. Dabei auch die Schnapsflasche, aus welcher die Umziehenden trinken.) Mitte des 19. Jahrhunderts feierte man Johannis auch in Bortfeld noch nach strengen Regeln mit Sang und Musik vom Mittwoch bis Sonnabend der Johanniswoche. Nach Ankunft der Musikanten wurde auf der großen Däle von 8 Uhr abends getanzt, nur mit der Unterbrechung des Essens und Viehfütterns. Wer nicht rechtzeitig eintraf, zahlte 2 Groschen Strafe. Daß die Mädchen nicht beim Tanzen schimmelten, sitzenblieben, dafür sorgte ein 'Achtsmann', welcher die säumigen Tänzer den Mädchen zuführte. Man trank Bier beim Tanze. Die Kosten des Tanzes trugen die Mädchen und Burschen zu gleichen Teilen. Gefallene Mädchen (Mädchen mit einem unehelichen Kind) wurden beim Tanze nicht zugelassen, und alle Teilnehmer mußten über 18 Jahre alt sein."

Im Wendeburger Wappen erinnert ein Wolfskopf an das Braunschweiger Patriziergeschlecht von Hundt. Es ist das Motiv des schon beschriebenen Wappensteines an der Wendeburger Kirche. Gleichzeitig soll damit auch die Beziehung zum Landkreis Peine herausgestellt werden, der ebenfalls den aufgerichteten Wolf im Wappen führt. „In Gold über einem blauen, mit einer goldenen Leiste belegten Zinnenkranz steht ein blauer rotbezungter Wolf, begleitet von je einer blauen Ähre", so lautet die offizielle Wappenbeschreibung. Auf die landwirtschaftliche Struktur der Gemeinde wird mit den Ähren verwiesen. Die Mauerkrone symbolisiert den Namensbestandteil „Burg". Die farbliche Gestaltung in Blau/Gold (Gelb) nimmt die braunschweigischen Landesfarben auf. Bis 1974 gehörte Wendeburg zum ehemaligen Landkreis Braunschweig.

Bortfeld

Bortfeld, urkundlich im Jahre 1178 erstmals erwähnt, war der Stammsitz einer nach dem Ort benannten Adelsfamilie, deren Gruft auf einer Anhöhe zu beiden Seiten der Kirche gelegen hat. Schon früh wird ein Berthold von Bortfeld unter den Ministerialen Heinrich des Löwen genannt. Das Geschlecht erlosch mit Kurt von Bortfeld, der in venezianischen Diensten gegen die Türkei gekämpft hatte und auf der Rückkehr in die Heimat 1685 verstarb.

Die Chronik zählt eine Reihe Unglücke auf: 1493 wurde der Ort von Braunschweigern niedergebrannt und 1550 von den Herzoglichen verwüstet. Im 16. Jahrhundert herrschte hier zweimal die Pest, die in einem Jahr fast ein Viertel der Bewohner dahinraffte. Am 31. Juli 1876 hatte das Dorf unter einer großen Feuersbrunst zu leiden.

Die Bortfelder, die sich bis in die jüngste Zeit durch zähes Festhalten an der alten malerischen Bauerntracht auszeichnen, werden für Nachfahren des Volksstammes der Wenden gehalten. Diese weit verbreitete Annahme, die man sowohl durch die dem slavischen Volksstamm eigene Art der Feldbestellung, die auch früher hier üblich war, als auch durch die besonderen Sitten und Bräuche der Bewohner zu begründen sucht, wird in neueren Forschungen verworfen.

Bis 1867 besaß die Gemeinde ein sogenanntes Spielhaus, ursprünglich das Siechenhaus, in dem die Gemeindezusammenkünfte, Hochzeiten und dergleichen abgehalten wurden.

Bekannt geworden ist Bortfeld durch den Anbau der Bortfelder Rüben, die bereits zum Ende des 16. Jahrhunderts in den Haushaltungen der Stadt Braunschweig erwähnt werden. 1682 entdeckte man bei Bortfeld einen Gesundbrunnen, der seinen Ruf nach großer Heilkraft aber schon im 18. Jahrhundert verlor. Zwischen Lamme, Bortfeld und Wedtlenstedt lag der Ort Glinde, der der Sage nach des Wildes wegen von den Bewohnern verlassen werden mußte. Die Bewohner zogen nach Bortfeld.

Das Heimathaus in Bortfeld ist ein „Niederdeutsches Zweiständer-Hallenhaus" mit tiefer Vorschur aus dem Jahre 1726. Es wurde vom Zimmermann Johann Peters aus Wendeburg errichtet. Däle und Flett gehen ineinander offen über, dahinter befindet sich das sogenannte Kammerfach. Auf dem Flett befand sich ursprünglich vermutlich eine offene Feuerstelle. Das Bauernhaus war einst Eigentum des Landkreises Braunschweig. Seit dem Jahre 1966 gehört des zum „Braunschweigischen Landesmuseum für Geschichte und Volkstum". Als Bauernhausmuseum, ausgestattet mit altem bäuerlichen Inventar aus den Bereichen des Wohnens, der Haus- und Viehwirtschaft und der Feldarbeit, wird das Heimathaus heute aus nah und fern viel besucht.

Bortfeld

Harvesse

Harvesse gehört heute zu Wendeburg. Es ist ein kleiner Ort, der um die Jahrhundertwende gerade zwanzig Häuser zählte. 1160 schenkte Graf Ludolf von Peine dem Kloster Riddagshausen bei Braunschweig das Gut Herwardessen. Das ist die erste urkundliche Erwähnung des Dorfes. Das Kloster verpachtete die Ländereien und das Gut. Die Pächter siedelten sich hier an und nach und nach wuchs die Gemeinde. Die Bauern waren 1597 noch nicht zur Erblichkeit ihrer Ländereien gelangt, doch war ihnen Jahrhunderte hindurch das Pachtgeld nicht erhöht worden. Sie genossen außerdem den Vorteil, daß ihre Grundstücke als freies Klostergut mit keinerlei staatlichen Abgaben belegt wurden. Als der Landtag diese Steuerfreiheit nicht mehr anerkennen wollte, überließ man die Grundstücke 1840 den bisherigen Pächtern gegen eine „mäßige Summe" als Eigentum. Die Kaufsumme lag bei etwa 6000 Talern. Damit waren die Bauern in Harvesse freie Besitzer ihres Grund und Bodens geworden. Die mittelalterlichen Zustände und Verhältnisse hatten ein Ende gefunden.

Der Ort Harvesse zieht sich am Talrand der Erse entlang. Die Gemarkung erstreckt sich zwischen der Erse und der Bundesstraße 214 auf leicht gewölbten diluvialem Hochflächenrücken, der nach Osten in die Okerterrasse übergeht. Die Siedlung Harvesse, in früh besiedeltem Gebiet liegend, entstand zur Völkerwanderungszeit. Funde aus der frühen Steinzeit belegen das. Herwardessen lautet die erste Erwähnung, 1232 schrieb man Herewardissem. Der Gründer des Ortes war ein Herward oder Hariward.

Um 1800 gab es in diesem Dorf eine Kirche und eine Schule. Den Lehrer stellte der Abt des Klosters Riddagshausen. Vier Halbspännerhöfe, drei Kothöfe und vier Brinksitzerstellen zählte man zu dieser Zeit. Mit seinen 113 Einwohnern war Harvesse ein kleines Dorf. Den Dorfkern nennt man das „Mitteldorf", das „Oberdorf" entstand um 1900. Obwohl in den letzten Jahrzehnten vereinzelt Siedlungshäuser hinzugekommen sind, hat sich der dörfliche Charakter des Dorfes mit Niedersachsenhäusern weitestgehend erhalten. „Böse Niemand. Das Gute dir und mir. Gott allein die Ehr und niemand mehr", lautet ein schöner Hausspruch aus dem alten Harvesse.

Auf drei historische Eichen des Dorfes geht das Wappen von Harvesse ein. Gezeigt werden drei silberne Eichenblätter, zwei silberne Eicheln und darunter eine Wellenlinie in rotem Feld. Diese Wellenlinie verweist auf die Erse, die Westgrenze der Feldmark von Harvesse. Mit den drei Eichen ist zunächst die Luthereiche gemeint, die 1883 zum Geburtstag des Reformators an der Kirche angepflanzt worden ist, dann die Wilhelmseiche, gepflanzt 1887 zum 90. Geburtstag Kaiser Wilhelms I. Die dritte Eiche ist die Jubiläumseiche, 1960 zur 800-Jahrfeier der Gemeinde Harvesse gesetzt.

Harvesse.

Meerdorf

Die frühgeschichtliche Besiedlung läßt sich nur mit gewissen Vorbehalten anhand von Ortsnamen nachvollziehen. Nach der Völkerwanderung und im frühen Mittelalter, etwa 4. bis 6. Jahrhundert nach Christi, wurde der Norden und Nordwesten des früheren Landkreises Braunschweig in stärkerem Maße besiedelt. Siedlungen mit den Endungen -dorf, -feld und -burg stammen aus dieser Zeit. Um 800 n. Chr. wurde der Siedlungsbau insbesondere im Oker- und Schuntertal fortgesetzt. Dort handelt es sich meist um Ortsnamen mit den Endungen -rode und -hagen.

Den seit alter Zeit unverändert gebliebenen Namen des Pfarrdorfes Meerdorf führt die Sage auf einen früher hier befindlichen See zurück. Noch jetzt führt einer der Dorfteiche den Namen „Das Meer". Der Braunschweiger Volkskundler Dr. Flechsig leitet den Namen von mehreren wassergefüllten Bodensenken ab. Im Altsächsischen gibt es das Wort meri, was so viel wie Sumpf oder See bedeutet.

Im Jahre 1135 soll Kaiser Lothar von Süpplingenburg dem Kloster Riddagshausen bei Braunschweig zwölf Hufen in Meerdorp geschenkt haben. Die älteste bekannte Urkunde stammt allerdings erst von 1146. Die Mönche aus Riddagshausen haben durch spätere Ankäufe ihren Besitz stets vergrößert, so daß fast das ganze Dorf in ihren Besitz kam. Das Kloster unterhielt hier eine Klostervogtei. 1311 erwarb es auch die Gerichtsbarkeit, die ihm in westfälischer Zeit verblieb. Auf Vorschlag des Konsistoriums besetzte der Abt von Riddagshausen die Pfarre und Schule. Die Superintendentur war später in Wendeburg.

Meerdorf blieb bis heute ein kleines Haufendorf. Die höchste Einwohnerzahl erreichte das Dorf 1950. Da waren es, bedingt durch den Zuzug von Flüchtlingen, 1223. In dieser Zeit rückte man zusammen. Einer Statistik aus den 70er Jahren sind folgende Zahlen zu entnehmen. Danach wohnten 1821 nur 660 Einwohner in Meerdorf, 1905 waren es 725, 1939 schon 869, dann das „Rekordjahr" 1950 1223, und 1971 waren es wieder weit weniger, 810 Einwohner.

Auf der Meerdorfer Flur liegt der heute noch in Karten verzeichnete Mühlenberg. Die Meerdorfer Mühle wurde schon im 17. Jahrhundert urkundlich erwähnt und hat noch im 19. Jahrhundert bestanden. An sie erinnert das Wappen von Meerdorf. Die Wappenfarben Blau/Gold haben einen doppelten geschichtlichen Bezug. Zum einen erinnern sie an die jahrhundertelange geschichtliche Zugehörigkeit des Ortes zum ehemaligen Land Braunschweig. Zum zweiten halten sie das Andenken wach, daß Meerdorf bis zur Gebietsreform im Jahre 1974 eine selbständige Gemeinde im Verband des Landkreises Braunschweig war, dessen Farben ebenfalls Blau/Gold (Gelb) waren.

Meerdorf

Neubrück

Castrum bruckhe ist die älteste Erwähnung von Neubrück. Es handelt sich dabei wohl um eine Vorburg des gleichnamigen, später erbauten Schlosses, das auf einer Okerinsel stand. Dieses Schloß und das sich darum ausbreitende Dorf wurde zum Schutz der Okerschiffahrt und des Handelsverkehrs auf der Heerstraße Braunschweig-Celle erbaut. Die Vorburg wird als Haus to der Brugghe 1340 in einer Urkunde erwähnt, und 1344 ist die Rede von dem Zehnten vor der Nygenbrügge.

Das Schloß selbst entstand auf einem früher den Edlen von Meinersen gehörenden Werder. 1322 gehörte es dem Herzog von Lüneburg. Bereits 1340 befand es sich im Pfandbesitz derer von Marenhol(t)z, denen es Herzog Otto 1375 vergeblich zu entreißen versuchte. 1413 verpfändete Herzog Bernhard das Schloß der Stadt Braunschweig, die 1415 auch das Marenholzsche Burglehen nebst allen Besitzungen erwarb. In einer noch in demselben Jahr wegen dieses Kaufs entstandenen Fehde wurde Heinrich von Marenholz bei einem Angriff auf das Schloß tödlich getroffen. Während der Belagerung durch die Stadt Braunschweig 1492 nahm Herzog Heinrich der Ältere Neubrück ein. Die Stadt mußte in dem späteren Friedensvertrag auf diesen Besitz verzichten. Von den Herzögen wurde das Schloß wiederholt verpfändet, bis endlich Herzog Julius es 1576 wieder in Besitz nahm.

Das Amt Neubrück umfaßte ursprünglich noch Wenden und Thune, 1706 wurden ihm auch die von Lüneburg abgetretenen Orte Bevenrode, Bienrode und Waggum beigelegt. Als 1796 dem Amtmann zu Campen zugleich die Verwaltung des Amtes Neubrück mit übertragen wurde, überließ man die Domänenländereien den Einwohnern pachtweise. Im Jahre 1846 sind ihnen diese käuflich abgetreten worden.

Neubrück besaß zunächst weder Kirche noch Schule. Es war in die Kirche des gifhornschen Dorfes Didderse eingepfarrt, zu deren Erhaltung es nach dem Rezeß vom 13. Mai 1670 beitragen mußte. Um 1800 wurde das Amtshaus pachtweise von einem Krämer und dem Einnehmer des dortigen Zolls bewohnt. Die Einwohner Neubrücks bestanden zu dieser Zeit aus sechs Ackerbauern, die sich „Vorbürger" nannten, mit ihren Familien. Die Entstehung des Namens Vorbürger ist ungewiß, sie stehen aber schon in den ältesten Erbregistern. Ferner gab es im Dorfe noch sechs Brinksitzer und neun Anbauern, sowie mehrere angesehene Handwerker. Das ehemalige Domänenamt mit mehr als 400 Morgen Ackerland und über 100 Morgen Wiesen ist später an die Gemeinde verkauft worden. Ende des 19. Jahrhunderts entstand an der heutigen Bundesstraße 214 der Ortsteil Ersehof.

Das Wappen von Neubrück spiegelt die Geschichte des Ortes wider. Es zeigt unter einem goldenen Zinnenkranz eine goldene, hölzerne Brücke mit zwei Brückenpfeilern auf blauem Grund.

Neubrück
Krieg

Sophiental

Ein bedeutendes Naherholungsgebiet ist das vom Mittellandkanal durchzogene Fürstener-Sophientaler Holz. Es ist ein überwiegend aus Laubgehölzen gebildetes Waldgebiet von rund 1500 ha Ausdehnung. Hier liegt das kleine Dorf Sophiental. Das Dorf entstand erst um ein herzogliches Barock-Schloß. 1802 standen hier noch ein Forsthaus, 13 Kothöfe und neun Brinksitzerstellen. Die Ortslage begünstigte ein schnelles Anwachsen des Dorfes, so daß man nicht mehr nach Fürstenau eingepfarrt sein wollte und eine eigene Kirche 1889 erbaute.

Auf Lageplänen läßt sich auch heute noch das Entstehen und die Entwicklung des Ortes erkennen. Beherrschend war die Lage des Schlosses, das von der Herzogin Sophie Marie (1683-1767), einer Tochter des Herzogs Rudolf Friedrich von Holstein-Norburg, gebaut wurde. Sie war die dritte Gemahlin des Herzogs August Wilhelm, eines Sohnes des Herzogs Anton Ulrich. Die um dieses Schloß entstandene Ansiedlung erhielt zu Ehren der Herzogin den Namen „Sophiental".

Es ist nicht bekannt, ob sich die Herzogin längere Zeit in Sophiental aufgehalten hat. Regelmäßige Jagdtreffen fanden hier nachweislich statt. Nach ihrem Tod im Jahre 1767 wurde der Besitz Sophiental – ebenso wie Fürstenau – an Herzog Ferdinand verkauft. Da der „Gutsherr von Vechelde", wie man ihn nannte, wohl wenig Interesse für Sophiental zeigte, ließ der regierende Herzog Karl I. 1769 das Schloß kurzerhand abbrechen. Nur Reste des Schloßgrabens, der Parkwege, Einfahrten und Grundmauern zeugen heute von der verschwundenen Herrlichkeit.

Die Dorfbeschreibung von 1767 von Johann Julius Bütemeister und Georg Christian Geitel faßt noch einmal die Ausmaße der Schloßanlage zusammen: „Der Hochseeligen Frau Herzogin Elisabeth Marie zu Braunschweig-Lüneburg Durchlaucht haben allhie vor Jahren ein Fürstliches Lustschloß mit Nebengebäuden errichten, auch einen Lustgarten anlegen lassen. Der Platz worauf das Schloß erbauet, nebst den Nebengebäuden und dem Vorhofe hält 4 Morgen 35 Ruthen. Der Lustgarten incl. der abgeschereten Thiergärten 19 M 70 Ruthen; der Garten neben dem Vorhofe – M 40 Ruthen; zusammen 19 M 110 Ruthen. Der Graben, welcher sowol das Schloß als den Lustgarten umziehet, hält 2 M 100 Ruthen." Nach 1793 – also nach dem Tode des Herzogs Ferdinand – fiel das Gut mit seinen Ländereien an die Fürstliche Kammer zurück.

Das Wappen von Sophiental zeigt dominierend eine Glocke, die von der Herzogin für die Kapelle in Fürstenau gestiftet wurde. Diese Glocke, verziert mit einem Barockornament und der Jahreszahl 1726 sowie dem Namen und dem Wappen der Stifterin, hängt seit 1896 als Stundenglocke in der Kirche von Sophiental.

16
Sophienthal
Kries

Rüper

Die älteste Namensform für die ehemalige Straßensiedlung ist aus dem Jahre 1250 überliefert: Rubere. Die Schreibweise Ruber, Rüber hat sich bis in die neueste Zeit neben dem heute offiziellen Namen Rüper gehalten. Da in der Urkunde von 1250 ein Reymardus, Priester von Rüper, genannt ist, wird hier schon damals ein Gotteshaus gestanden haben. 1350 kommt ein Pleban Heinrich vor, ein Rüper-Kirchweg wird 1359 genannt. Das Patronat stand nach dem von Lützel abgedruckten Hildesheimischen Archidiakonatsverzeichnis dem Kreuzkloster in Braunschweig, nach Lauenstein dem Bischof in Hildesheim zu, der es schon gleich nach der Hildesheimer Stiftsfehde gehabt haben soll. Einem alten Verzeichnis der Pfarren ist zu entnehmen: „Der Bischof habe die Pfarre Ruber im Banne Schmedenstedt 1539 auf Grund des ius devolutionis besetzt. Das bedeutet, daß der Patron der Pfarre sein Präsentationsrecht nicht in der üblichen Frist wahrgenommen hat. Deshalb setzte der Bischof einen Pfarrer ein.

In der Stiftsfehde von 1519 bis 1534 ist Rüper weitestgehend verschont geblieben. Dagegen gingen rund vierzig Dörfer um Peine in Flammen auf. Seit 1542 verkündete man auch in Rüper Luthers neue Lehre von der Kanzel. Während des Dreißigjährigen Krieges wurde im Schutz der Tillyschen Waffen für kurze Zeit die Gegenreformation durchgeführt. Doch schon 1633, nachdem die Schweden und die Welfenfürsten das Hildesheimer Stift erobert hatten, gab es wieder evangelische Gottesdienste.

Die evangelische Kirche ist ein einschiffiger neuromanisch-gotischer Backsteinbau. Das Gotteshaus wurde 1905/06 nach Plänen des Konsistorialbaumeisters Mohrmann auf einem Geländerücken am Westrand des Dorfes erbaut. Die alte Kirche hatte man 1905 wegen Baufälligkeit abgebrochen. Sie hatte ein rechteckiges massiv aus Sandstein und Backstein errichtetes Schiff mit verputzten und geweißten Wänden, pfannengedecktem Satteldach und im Innern eine flache Schaldecke. Ein Sakramentshäuschen, eingelassen in der Friedhofsmauer, dürfte aus der ersten Hälfte des 16. Jahrhunderts stammen.

Im Wappen der Gemeinde, die neben Wipshausen, Horst, Rietze und Wense zu der am 1. Juli 1965 gegründeten Samtgemeinde Wipshausen gehörte, heute zu Wendeburg sieht man in der unteren Schildhälfte die Kirche.

In den Ortswappen des Kreises tauchen Wölfe häufiger auf als anderswo. So wächst beim Rüper-Wappen ein goldener Wolf im roten oberen Feld des geteilten Schildes, unten erhebt sich im goldenen Feld eine rote Kirche auf einem grünen Hügel, der von einem silbernen Wellenband durchzogen wird. Die Kirche stellt die heutige Jerusalemkirche dar. Das Wellenband erinnert an den Grenzgraben zwischen den alten Gauen Astvalla und Flutwidde, zugleich an Schneegraben und Erse.

Rüper

Wendezelle

Die Streitfrage, ob die ersten Bewohner dieser Gegend dem Stamme der Wenden angehört haben, hat zu allen Zeiten die Historiker beschäftigt. Richard Andree nimmt in seinem Buch „Braunschweiger Volkskunde" ausführlich dazu Stellung: „Fälschlich als 'wendisch' bezeichnete Dörfer in Braunschweig. In der näheren und ferneren Umgebung der Stadt liegen die Dörfer Wenden, Wendeburg, Wendezelle, Wendhausen und Wendesse, welche samt den Dörfern Bortfeld und Zweidorf lange Zeit für ursprünglich slavische angesehen werden. Soviel ich sehe, ist der berühmte Helmstedter Professor Maibom der erste gewesen, welcher dieses ausgesprochen hat. Ihre Dörfer, so führt er aus, seien von Obotriten gegründet worden, welche Karl der Große in die Braunschweiger Gegend versetzt habe." Die Historiker Hassel und Berge verbreiteten dann diese Ansicht. Venturini und Dedekind schrieben ihnen nach. „Ich selbst", schrieb Andree, „bin in den gleichen Fehler verfallen und habe Anlaß zur Verbreitung des Irrtums gegeben, als hätte es bei der Stadt Braunschweig im Mittelalter eine wendische Sprachinsel gegeben. Es ist bekannt, wie die von den Deutschen vertriebenen und besitzlos gewordenen Wenden oft nach anderen Gegenden übersiedelten und zwischen umwohnenden Deutschen nun Dörfer gründeten, welche den Zusatz 'wendisch' von den deutschen sich unterschieden."

Man vermutete lange Zeit, daß der Ortsname von dem lateinischen Wort Cella, die Zelle, abzuleiten ist. Bei Wendezelle läßt sich eine cella aber nicht nachweisen. Der Historiker Reß denkt daher an ein „Wendensöll", an ein in der sumpfigen Gegend der Aue bei Wendeburg errichtetes Dorf. Oder sollte an das altsächsische seli, Gebäude, zu denken sein? Dann wäre es das Haus des Wendo. Urkundlich wird Wendezelle erst 1413 als Wendetzella erstmals erwähnt. Bis zur Westfälischen Zeit, 1644 bis 1648, bildete der Ort ein eigenes Gericht, das sogenannte Erbkämmereigericht. Das Gericht stand der Familie von Cramm zu.

Im blauen Schild des Ortswappens erhebt sich eine goldene Linde aus dem ebenfalls goldenen Ring, alles von Ähren gerahmt. Der Ring steht für die ursprüngliche und noch heute erkennbare Siedlungsform des Rundlingsdorfes. Die Gerichtsbarkeit, für die Bereiche innerhalb und außerhalb des Ortes, wird mit der Linde angezeigt. Unter der Linde wurde einst Gericht gehalten. Die Ähren weisen auf die Landwirtschaft hin. Die Farbgebung Blau/Gold erinnert an die Zugehörigkeit Wendezelles zum ehemaligen Braunschweiger Land.

Wendezelle gehört seit 1974 zu Wendeburg, wo sich die Schulen für das gesamte Gemeindegebiet befinden. Neben den Grundschulen besteht in der Zentralortschaft Wendeburg ein Schulzentrum mit Hauptschule und Orientierungsstufe.

Wendezelle.

Wense

Von einer frühen Besiedlung um das Jahr 800 vor Christi Geburt in diesem Gebiet zeugt das in der Gemarkung von Wense entdeckte Urnengräberfeld aus der frühen Eisenzeit. In einer Urkunde aus dem Jahre 1187 wurde das Dorf Wennehusen geschrieben. Der Wohnsitz eines Freien hieß von alters her hûs. Deshalb enden viele der älteren Rittersitze auf hûsen. Aber ein Ritter ist in Wense nicht nachweisbar. Die Familie von Wense, die im 19. Jahrhundert auch einen Verwalter des Amtes Peine stellte, hatte ihren Stammsitz in Wense im Kreis Fallingbostel.

In der Hildesheimer Stiftsfehde, in der von 1519 bis 1523 Herzog Heinrich der Jüngere von Braunschweig und der Bischof von Hildesheim hart um den Besitz von Burg und Stadt Peine stritten, litten auch die Bauerndörfer. Durch diese Fehde wurde das Bistum geteilt. Das Kleine Stift umfaßte Peine, Steuerwald, Marienburg und die Stadt Hildesheim, das dem Bischof verblieb. Zum Großen Stift gehörten die übrigen Gebiete, die von den Herzögen von Wolfenbüttel und Calenberg bis 1643 vereinnahmt und dann, inzwischen protestantisch, dem Bischof zurückgegeben wurden.

Im Jahre 1757, es war die Zeit des Siebenjährigen Krieges, nahm das Hochstift Hildesheim eine Untersuchung vor, die als Grundlage für Kriegssteuern und andere Abgaben dienen sollte. Wense hatte damals zehn bebaute Höfe und keine wüste Hofstelle, wie aus alten Unterlagen hervorgeht. Der Burgvogt, der die Aufstellung anfertigte, bemerkte: „Statt der Pferde brauchen die Einwohner von Wense das Hornvieh." Man spannte also Ochsen vor Pflug und Wagen.

Die öfters auftauchende Bezeichnung „Junkersdorf" ist in frühen Akten nicht zu finden. Es ist wohl eine volkstümliche Bezeichnung für einen Hof, der dem Stift Steterburg gehörte. Es war das Haus Nr. 12. Im Jahre 1575 wurde der Hof mit zwei Hufen Land an den Propst Franz Heinrichsdorff „auf seine und seiner Frau Lebenszeit" verpachtet.

Das Wappen zeigt, wie in mehreren Gemeinden des Landkreises, den Wolf. Im rot über gold schräglinks geteiltem Schild steht er hochaufgerichtet in wechselnden Farben. Der Wolf ist, wenn auch anders gefärbt, der gleiche wie in dem Wappen von Stadt und Kreis Peine, nämlich derjenige der Grafen von Wolfenbüttel-Asseburg, die hier im 13. Jahrhundert als Erben der Grafen von Peine herrschten. Rot/Gold sind die Farben der späteren Territorialherrschaft des Fürstentums Hildesheim. Dieses Wappen hat der Gemeinderat von Wense, der Ort gehört seit dem 1. März 1974 zu Wendeburg, am 31. Oktober 1960 beschlossen und ließ es vom hildesheimischen Regierungspräsidenten genehmigen.

Wer heute aus Rüper kommend auf Wense zufährt, blickt auf die großen Werkhallen eines modernen betonverarbeitenden Betriebes.

Wense

Krieg. 95.

Zweidorf

Zweidorf wird schon in alten Urkunden aus den Jahren 1132 und 1141 Twidorp genannt. Der Name deutet an, daß sich der Ort aus zwei Teilen gebildet hat, dem Rodekamp, der an Wendeburg anstößt, und der westlichen Hofreihe. Zweidorf wurde in der Vergangenheit immer wieder als Wendendorf bezeichnet. Richard Andree meint in seinem Buch „Braunschweiger Volkskunde", daß wesentlich literarischer Einfluß maßgebend war, wenn ein Zweidorfer meint: „Wi stammt von de ôlen wenden af." Auf der Zweidorfer Feldmark liegt die Wüstung „Kabbelse". Dieser Name könnte von dem wendischen Wort „kobbilja" stammen, was Pferdeweide bedeutet. Doch auch dieser Name reicht nicht aus, um Zweidorf als wendische Gründung zu bezeichnen. Und die Historiker Hassel und Berge schrieben im Jahre 1802: „Die Einwohner von Zweidorf haben so viele Eigenarten in ihren Sitten, Gebräuchen und Sprache, daß man sie für Abkömmlinge eines anderen Menschenstammes zu halten geneigt ist. Sie nähern sich in mehreren Punkten jenen Obotriten oder Wenden, die noch jetzt im Lüneburgischen, mitten unter Deutschen, als ein abgesonderter Volksstamm leben." Doch die neuere Wissenschaft weist den Wenden-Gedanken weit von sich.

Der Sage nach sollen die Gründer zwei Hofbesitzer gewesen sein, die ihre auf dem Wallkampe bei Sophiental belegenen Besitzungen aufgegeben und sich hier angesiedelt haben. Über die angeblich nahe Zweidorf gelegene weitere Wüstung „Walke" sind urkundliche Nachrichten nicht bekannt.

Seit Jahren bildeten die Dörfer Wendeburg, Wendezelle und Zweidorf eine evangelische Kirchengemeinde. Schon 1866 wurde ein gemeinschaftlicher Schulverband gegründet. Im Jahre 1962 entstand die katholische Kirche St. Elisabeth, und 1968 vereinigten die politisch Verantwortlichen die drei Dörfer zu einer politischen Gemeinde, der heutigen Einheitsgemeinde.

Am Ende des Dorfes im Nordwesten befand sich der ehemalige Mühlenhof mit der noch stehenden Holländermühle. Sie ist eines der wenigen Baudenkmäler der vorindustriellen Zeit in dieser Gegend. Erbaut wurde sie vom Müller Fritz Bremer im Jahre 1868. Auf poligonalem Backsteinsockel als Erdgeschoß erhebt sich ein zweigeschossiger Fachwerkbau, der mit Dachziegeln behängt ist. Den oberen Abschluß bildet eine geschwungene Haube, die ehemals drehbare Dachkappe, aus der die Welle mit den vier Windmühlenflügeln ragt. Äußerlich ist die Mühle vollständig renoviert, innen jedoch zu Wohnzwecken umgebaut worden.

Das Wappen von Zweidorf zeigt auf silbernem Grund einen grünen Balken und eine vierblättrige rote Rose mit grünen Butzen und ebensolchen Kelchblättern. Das Wappen ist zurückzuführen auf die Patrizierfamilie, „der Herren von Zweidorf", die im Mittelalter in Braunschweig lebte. Das Familienwappen des Hinrik von Zweidorf stammt aus dem 15. Jahrhundert.

Zweidorf
Krieg.
75

Inhaltsverzeichnis

Literaturverzeichnis

Karl Steinacker, Die Bau- und Kunstdenkmäler des Landes Braunschweig, 1922

Hassel-Berge, Geographisch-statistische Beschreibung der Fürstentümer Wolfenbüttel-Blankenburg, 1802

R. Andree, Braunschweiger Volkskunde, 1901

Mithoff, Kunstdenkmäler und Altertümer im Hannoverschen, 1871

Die Kunstdenkmale der Provinz Hannover, Kreis Peine, 1938

Carl Haase, Niedersachsen, 1971

Der Landkreis Peine, 1960

Anette von Boetticher, Geschichtliches Ortsverzeichnis des Landkreises Peine, 1996

Landeskundlich-statistische Übersichten, 1882

Braunschweigisches Magazin, div. Jahrgänge von 1806 bis 1930

O. Krone, Vorgeschichte des Landes Braunschweig, 1931

Div. Ortschroniken und Schriften des Landkreises

Zeitungsarchiv des Verfassers

Heimatkunde aus dem ELM-VERLAG

„Von der Quelle bis zur Mündung – Die Oker" heißt das neue Buch von Jürgen Hodemacher. Es beschreibt die geschichtlichen Ereignisse entlang des Flusses.

Dieser 2. Band einer heimatkundlichen Buchreihe zeigt den Weg der Oker vom Harz bis hin nach Müden an der Aller auf und stellt die Städte und Dörfer vor.

96 Seiten, mehr als 40 Abbildungen, farbiger Umschlag, gebunden.

ISBN 3-927060-07-0 DM 24,80

Mit dem Buch „Zwischen Elm und Aller – Geschichte der Heimat" von Gerhard Korth stellte der Elm-Verlag 1991 den 1. Band einer neuen Buchreihe vor.

Dieses Buch beschreibt das Leben in unserer Heimat durch die Jahrhunderte, es zeigt Land und Leute.

96 Seiten, 33 Abbildungen, farbiger Umschlag, gebunden.

ISBN 3-92760-06-2

Braunschweigs Straßen

Straßennamen dienen nicht nur als Unterscheidungs- und Ordnungsmerkmal, sie erzählen häufig auch Geschichten aus der Geschichte. Der Erzähler dieser Geschichten ist Jürgen Hodemacher, der schon seit Jahren in einer Serie der Braunschweiger Zeitung über Braunschweigs Straßen und deren Geschichte schreibt. Immer wieder kam der Wunsch nach einer gebundenen Fassung dieser Beiträge auf, jetzt sind zwei Bücher daraus entstanden.

Band 1: Innenstadt

Band 2: Zwischen Okergraben und Stadtring

Beide Bände sind überall im Buchhandel erhältlich.

Plattdeutsche Bücher aus dem ELM-VERLAG

Dieser Band umfaßt eine Sammlung plattdeutscher Geschichten und Gedichte von Autoren aus dem Braunschweiger Land. Viele Erinnerungen werden wach, liest man die Vertelligen von Wilhelm Börker, Th. Reiche und vieler anderer. Der Band wurde zusammengestellt von Jürgen Hodemacher und von Günther Bendt illustriert. Ca. 176 Seiten, farbiger Umschlag, gebunden.
ISBN 3-9800219-5-5

Hier ist der Band 2 plattdeutscher Geschichten aus unserem Land. Neben einer Reihe Braunschweiger Autoren kommen auch solche zu Wort, die im Harz und in der Heide lebten. Der Band wurde von Jürgen Hodemacher zusammengestellt. Ca. 150 Seiten, 15 Zeichnungen von Günther Bendt, farbiger Umschlag, gebunden.
ISBN 3-9800219-9-8

Der 3. Band in dieser plattdeutschen Buchreihe bringt Predigten aus unserer niedersächsischen Heimat. Die Autoren gehören zur Arbeitsgemeinschaft plattdeutscher Pastoren. Das Geleitwort schrieb Dr. theol. Adolf Quast, Oberlandeskirchenrat i. R.
144 Seiten, 4 Kupferstiche, farbiger Umschlag, gebunden.
ISBN 3-927-060-05-4

Endlich ist es da: Ein Wörterbuch für ostfälisches Platt. Das Interesse an unserer Muttersprache ist in letzter Zeit stark gestiegen. Dieses Buch soll „Anfängern“ und „Fortgeschrittenen“ helfen, sich leichter in das ostfälische Platt einzulesen. Eine Einführung bringt etwas über die Sprachgebiete.
76 Seiten, brosch.
ISBN 3-9800219-8-X

Das gute Sachbuch aus dem ELM-VERLAG

Bisher fehlte dem Interessenten ein leicht faßlicher Überblick über das Braunschweigische Militär. Im Geleitwort schreibt Professor Dr. W. Knoop: „Die Geschichte des Braunschweigischen Militärs aus der sachkundigen Feder von G. Ortenburg schließt eine oft empfundene Lücke.“ 116 Seiten, acht Farbtafeln und mehr als 60 Abbildungen, farbiger Umschlag, gebunden.
ISBN 3-9800219-6-3

Die erste deutsche Staatseisenbahn
Philipp August v. Amsberg war der Erbauer dieser Bahn. Ihm widmete der Autor W. M. Wunderlich sein Buch. 104 Seiten Großformat, eine Farbtafel, 70 Abbildungen, farbiger Umschlag, gebunden.
ISBN 3-9800219-7-1

Wilhelm Görges gab von 1842 bis 1853 den „Deutschen Post-Almanach“ heraus. Eine Auswahl interessanter Beiträge sowie 24 kolorierte Stiche von Postillionuniformen wurden für dieses Buch ausgewählt. 176 Seiten, 24 farb. Abbildungen, farbiger Umschlag, gebunden.
ISBN 3-927060-02-X

Die interessante Geschichte der Arbeiterbewegung im Raum Wolfenbüttel und Braunschweig wurde von R. Fricke von Beginn an bis 1870/71 geschrieben. Er gibt auch einen Ausblick bis in die Neuzeit. Etwa 100 Seiten, div. Abbildungen, farbiger Umschlag.
ISBN 3-927060-03-8